中国古代监察文化丛谈

刘社建 著

中国方正出版社

目　录

上篇　监察系统

中篇　监察官员

下篇　制度法规

上篇

监察系统

御史大夫

——职掌副相费苦心

原始社会后期已出现监督制度的萌芽，虽然在当时情况下监督主要限于部落成员对部落首领。随着社会生产力的发展，至奴隶社会，君主对臣下的监督逐步迫切，夏商时期君主监督臣下一般借助神权背景。周代由大宰负责监察百官，具体监察职能由大宰的副手小宰实施。春秋战国时期，御史逐步承担一定的监察职能。随着秦统一全国，如何有效加强监察就成为秦始皇嬴政面临的突出问题。

春秋战国时期百家争鸣，法家提出了有效加强君主监督臣下的思想。管仲强调，君臣之间只是权力与利害关系，并无信义可言，君主必须设置专职监察官员以监督臣下，只有廉洁奉公的人才有资格担任监察官员，而且必须废除刑不上大夫的规则。

商鞅认为，依靠官吏们相互监督根本不能发挥作用，必须建立独立的监察机构，设立专职监察官员。韩非认为，君主重点是治吏而非治民，为加强吏治必须加强君主监察制度，君主必须懂监察之术，君主要善于使用权术，令官员常怀恐惧之心，而使臣下尽心尽职，并及时惩治不遵守法律的官员。

李斯特别强调“督责”的重要性，强调充分发挥监察机关的作用，对官员厉行监督监察，既促使官员努力效力君主，也有效防止臣僚徇私枉法。

秦灭六国统一全国后，秦始皇建立由三公九卿等组成的中央集权政府。行政、军事、监察分设。丞相负责行政，太尉负责军事，御史大夫负责监察。丞相、太尉、御史大夫合称“三公”。自此，御史大夫作为中央监察主官步入历史舞台。

嬴政认为，必须加强对丞相的监督，为此设置御史大夫职掌监察大权，以有效加强对丞相的监督。为充分发挥御史大夫的监察职能，嬴政精心设计了御史大夫对丞相的监察机制：令御史大夫职掌副丞相，当丞相缺位时可递补丞相。这种制度设计可有效激励御史大夫加强对丞相的监督，丞相缺位时可以顺补而上。

御史大夫与丞相虽然同为三公，但俸禄差别较大。丞相秩万石，金印紫绶。御史大夫仅二千石，银印青绶。正是因为丞相与御史大夫之间的巨大级差，当丞相被免职时，御史大夫就可以递升，这就激励御史大夫监督丞相，而丞相为防止被御史大夫取代，也要兢兢业业工作。

御史大夫的主要职责，包括典正法度、掌管律令、司法审判、审阅公文、参与朝议等。御史大夫下设御史中丞、御史丞、侍御史等职，共同发挥行使纠察百官举劾违失的作用。御史中丞与御史丞是御史大夫的副手。

御史大夫兼有大量行政工作，御史中丞主要承担监察职能。御史中丞秩千石，居禁中，经常跟随在皇帝身边，统领侍御史和诸郡监御史，负责监察内外官员。御史丞作为御史大夫另一助手，协助御史大夫处理日常公务。

监察系统的重要职责之一是处理一些重大案件。秦始皇三十五年（公元前 212 年）坑儒案，即由御史审问儒生。儒生相互攀告，共涉及儒生四百六十余人，这些儒生全部被坑杀于咸阳。

秦二世胡亥时，赵高派遣御史杀蒙毅。李斯被赵高陷害入狱时，最初李斯承认罪状，准备等胡亥派人询问时再翻供。但赵高多次派门人冒充御史审问李斯，李斯一旦如实陈述即遭严刑拷打。如此数番后，等胡亥派人去验证李斯的口供时，李斯便不敢再改口供。也正是根据其供词，胡亥认定李斯谋反，李斯终被腰斩于市。

秦代正式出台中央监察制度，开创性地设计了以御史体系为核心的监察机制，但监察制度并没有发挥出应有的作用。主要是因为御史大夫兼副丞相，监察权与行政权未能完全切割。这种制度设计，也可能导致御史大夫为接替丞相而产生故意诬陷丞相等情况。

西汉御史大夫监察职能设置与秦基本相同。御史大夫由于其作用特殊、地位重要，升迁提拔的较多，一些御史大夫直接升任丞相。西汉任御史大夫者有六十九人，其中升任丞相的二十二人，接近西汉全部丞相人数的一半。郑弘为御史大夫时，数年丞相无事，所以不能升任丞相。而曾经凿壁偷光的匡衡担任御史大夫后不足一年，丞相身故，匡衡即接丞相之位。

汉武帝为进一步控制相权，充分发挥御史大夫与丞相相互监督的制衡术，御史大夫可监督丞相，丞相可纠弹御史大夫，御史中丞也可纠劾御史大夫。东汉时期为防止御史大夫权力过重，废御史大夫一职，以御史中丞为监察机构负责人。至隋代又改御史中丞为御史大夫，不过御史大夫不再担任副丞相之职。自此，御史大夫作为中央监察机构负责人一直延续到明初。

司隶校尉

——加强监察号卧虎

西汉监察制度基本承秦制。设御史大夫，御史大夫官舍称御史府，又称御史大夫寺。汉武帝深感只有御史大夫难以充分发挥监察职能，于元狩五年（公元前118年）设置丞相司直。丞相司直属丞相府，是行政系统内部的专职监察官员。

汉武帝征和二年（公元前91年）发生巫蛊案，因此案而死的包括皇后与太子在内有三四万人。当时丞相为公孙贺，其子因挪用公款下狱。公孙贺为救其子，向汉武帝提出捕获游侠朱安世以赎其子之罪。公孙贺诱捕朱安世后，其子被释放。朱安世入狱后，揭发公孙贺一家勾结公主等人诅咒汉武帝。汉武帝派江充办理此案，即巫蛊案。江充用酷刑和栽赃迫使人认罪，株连众多，皇后卫子夫与太子刘据均自尽。公孙贺一家自然难以幸免，江充也被太子所杀。

巫蛊案使汉武帝认识到，仅靠御史大夫和丞相司直还远远不够，必须要有一个特殊的监察组织弥补监察之不足，因此设司隶校尉。自此，西汉形成由御史大夫、丞相司直、司隶校尉共同承担监察职能又相互监督的严密体系。

司隶校尉因其作用重要，号称“卧虎”。最初有领兵权，率领由一千二百名中都官徒隶组成的武装队伍，因此称司隶校尉。司隶校尉身负中央监察治安和京畿地方监察治安的任务，位高权重。正因如此，在某些政变中司隶校尉发挥着关键作用，一些重要人物也兼领司隶校尉。东汉末年，在外戚与宦官的斗争中常借助司隶校尉的力量。宦官单超等人谋诛大将军梁冀，汉桓帝派司隶校尉张彪率兵围困梁冀住宅，逼迫梁冀自杀。东汉末年外戚何进欲诛宦官，以袁绍为司隶校尉，后来袁绍尽灭宦官。

司隶校尉最初持节并领有精兵，后不再领兵也不再持节。汉元帝时诸葛丰曾担任司隶校尉。诸葛丰为诸葛亮远祖，严格执法众人畏惮。当时有民谣“间何阔？逢诸葛”。其意是指，为何这么久没有看到这个人，是因为他遇到了诸葛丰，有了麻烦。有一次，诸葛丰试图逮捕侍中许章，许章逃入宫中。汉元帝不支持诸葛丰，收缴其符节，不久又将其免为庶人。

汉代担任司隶校尉的名臣辈出。鲍宣及子鲍永、孙鲍昱都先后担任司隶校尉一职。丞相孔光随从违规行车，鲍宣将孔光随从拘捕，车马充公。孔光向汉哀帝诬告鲍宣，汉哀帝将鲍宣下狱。后鲍宣虽免于死罪，但被流放上党。

御史中丞、司隶校尉、丞相司直是西汉中央监察系统的三大组成部分，行政上各自独立。丞相司直与司隶校尉不可妨碍御史中丞行使监察职能。司隶校尉权重，但官秩低于丞相司直。为制约丞相司直，司隶校尉又可以监督丞相司直。让监察官员相互监督，既发挥监察官员的作用，也不至于使监察官员游离于监察之外，显现出设计者的良苦用心。

东汉初年汉光武帝刘秀不再设丞相司直，司隶校尉权势更重。朝会时只有尚书令、御史中丞与司隶校尉有座位，号称“三独坐”。刘秀经常告诫贵戚，且宜敛手以避二鲍。“二鲍”即司隶校尉鲍永及其都官从事史鲍恢。刘秀在刘玄手下时，亦曾担任司隶校尉一职。

东汉末年李膺任司隶校尉时，激烈攻击宦官擅权。李膺为东汉时期名士，最初举孝廉，后升任司隶校尉。李膺任司隶校尉后，众宦官深感畏惧，于是在宦官陷害下发生两次“党锢之祸”。第一次“党锢之祸”时李膺遭到迫害下狱，后被赦免回乡。第二次“党锢之祸”时李膺主动自首，在狱中被虐而死。两次“党锢之祸”中追随李膺的官僚多数惨遭杀害。

东汉时期司隶校尉部成为正式行政区，是十三州之一，曹魏后改称“司州”。汉灵帝时期改刺史为州牧，司隶校尉影响力比以往更加显著。由于司隶校尉的重要性，董卓称之为“雄职”，李傕专政时自领司隶校尉。曹操位居丞相后仍兼职司隶校尉。建安十八年（213 年）曹操省并州县时撤销司隶校尉，黄初元年（220 年）曹丕称帝后复设司隶校尉。刘备成都称帝时，任张飞为车骑将军兼司隶校尉，张飞遇害后，司隶校尉则由诸葛亮兼任。

西晋时期以御史中丞与司隶校尉分督百僚。晋初，御史中丞与司隶校尉的监督范围以行马为界，中丞纠行马内，而司隶纠行马外。行马，即阻挡马匹行走的木栏。所谓行马内外，也就是朝廷百官在行马内有违失行为归御史机关监督纠举，在行马外的违法案件则由司隶校尉督察。

西晋时期，司隶校尉的作用进一步增强。傅玄、傅咸父子都担任过司隶校尉。傅玄先后担任御史中丞和司隶校尉十余年，政绩良好，史称令“贵游慑伏，台阁生风”。刘毅继傅玄担任司隶校尉后，继续严格执法，也使京师肃然。刘毅刚正不阿，被时人比作汉代监察官员诸葛丰和盖宽饶，但受到排挤。

但也有司隶校尉秉承掌权者旨意打压群僚。晋惠帝时，贾南风掌权，废黜太子，贬太子于外地，并下令不准太子故臣为其送行。司隶校尉满奋根据贾南风指示，将为太子送行的官员全部逮捕下狱。

东晋时期司隶校尉与御史中丞冲突加剧，于是撤销司隶校尉，改司隶校尉为扬州刺史。司隶校尉的监察权收归御史台，另设检校御史。检校御史即监察御史的前身，隋初检校御史改为监察御史。

南北朝时期，南朝宋齐梁陈和东晋相同，不再设司隶校尉，而北朝司隶校尉如旧。杨坚建立隋朝后，撤销司隶校尉，自此司隶校尉正式退出历史舞台。

柏台森森

——群乌来去昭兴衰

西汉时期中央监察机构为御史府，也称“御史大夫寺”。御史中丞作为御史大夫的副手和监察实际执行者，在殿中兰台办公，除职掌监察外，也职掌图书典籍档案。正是因为在殿中兰台办公，监察机构有时也称“兰台”。因兰台同时职掌管理典籍图书等，所以兰台也指档案馆。

西汉御史府内多植柏树，柏树高直凛然，所以后世多以柏台森森寓御史台肃杀之意，代指监察机构凛然不可侵犯，形容监察机构之威严。自东汉中央监察机构改名御史台后，长时间内以柏台作为监察机构的代称。虽然明清时期改御史台为都察院，但是仍以柏台代指都察院。作家高阳著有《柏台故事》，就是专门写的清代名监察官员们的故事。

监察机构另有一称为“乌台”，乌台也与柏树有关。西汉御史府内柏树众多，是野乌栖息的上佳之地。野乌晨去暮来，故又称“朝夕乌”，正是因为御史府多野乌，所以又称监察机构为乌台。至宋代，涉及苏轼的诗案因为是御史台监察御史告发，而御史台又称乌台，所以称其为“乌台诗案”。

按惯例御史台门北开，一般政府机构大门向南开。御史台大门故意北开，以取其肃杀就阴之义。唐代洛阳作为陪都，御史台大门并不北开，被讥讽为不习故事。

西汉后期御史大夫名称及职能有所调整。汉成帝绥和元年（公元前 8 年），将御史大夫改为大司空。大司空职掌建筑，虽然秩级上升，但权力不如御史大夫。在御史大夫改名为大司空前，野乌有数月不至御史府，而且御史府吏舍内的井水枯竭，当时人们非常惊异。当御史大夫改名为大司空后，人们方悟野乌不至以及井水枯竭为御史大夫改名之兆。

汉成帝时期改御史大夫为大司空有其原因。当时，何武为御史大夫，进言称，自古备三公官各有份职，而今政事烦多，宰相之才不能及古，却独兼三公之事，所以久废不治。建议重设三公之官，以分职授政。汉成帝征求其师安昌侯张禹的意见后，决定重设三公。于是令御史大夫何武为大司空，封列侯，秩万石，俸如丞相。另封曲阳侯王根为大司马。

但当时舆论大多认为古今异制，汉自天子之下至佐史与古代都不相同，而独改三公，职事更加不明，无益于治乱。虽然改御史大夫为大司空有复设三公之意，但其背后的原因在于御史大夫监察权力过重，改御史大夫为大司空，为削御史大夫之权。

两年后，朱博任大司空。朱博上奏请求改大司空为御史大夫。朱博称，汉高皇帝置御史大夫位次丞相，典正法度总领百官，上下相监临，历二百年而天下安宁。御史大夫改为大司空后，虽与丞相同位，但效果不佳，而且非重国政。建议罢大司空，复置御史大夫。并表示自己愿尽力，以御史大夫为百官之率。当时皇帝是汉哀帝，任命朱博为御史大夫，并恢复大司马官职如旧。不过四年后，汉哀帝改丞相为大司徒，又重置大司空和大司马。

西汉时，御史中丞具体负责对朝廷文武百官进行监察，并负责对地方监察官员即部刺史的管理。汉宣帝时又设治书侍御史二人，掌管法律文书，也有评断决狱的权力，地位与权势高于一般侍御史。汉成帝时，御史中丞担任御史府最高长官后，治书侍御史逐步演变为御史府的副长官。唐代为避唐高宗李治讳而将治改为持，治书侍御史改称为持书侍御史。

西汉还有其他因特别使命而设的御史，包括符玺御史、督运漕御史、绣衣御史等。符玺御史是掌管皇帝玉玺的御史，地位仅次于治书侍御史。督运漕御史主要奉命赴地方督运漕粮。绣衣御史又称绣衣直指，由于其职责重要授以绣衣，故称为绣衣直指。绣衣御史为汉武帝所特设，以后不置。江充曾担任绣衣御史，所以江充才有权力纠察皇太子。

东汉时改御史府为御史台，监察职能进一步加强。光武帝刘秀撤销御史大夫一职，以御史中丞为御史台长官，秩位在内朝少府中职权仅次于尚书令。废御史丞一职，设治书侍御史二人为御史台副职。御史中丞成为御史台长官后，从皇宫内搬出单独置署办公，即为御史台。

光武帝刘秀为限制相权推出一系列政策，包括尊崇尚书之权，尚书令职位空前重要，将司徒、司马、司空作为宰相之职但缺乏实权。实权集中在皇帝身上，具体通过尚书台来实施。尚书台之首即尚书令。尚书台下设诸曹六人，即为隋唐时期六部制的雏形。

御史台名义上属于少府，实际上为最高专门监察机关。御史台与地位显要的尚书台、掌管宫廷传达的谒者台，合称“三台”。宣秉在光武帝建武元年（25 年）担任御史中丞，刘秀特诏御史中丞与司隶校尉、尚书令会同并专席而坐，所以京师称其为“三独坐”。其他官僚朝见皇帝时都站着，只有他们坐着，所以称“独坐”。御史中丞、司隶校尉与尚书令独坐，与西汉时丞相司直与司隶校尉朝会时位居九卿之首，均是皇帝有意尊崇监察官员的特殊礼遇。

自西汉始，历代皇帝均有意尊崇监察官员之权，以使百官对监察官员有足够的敬畏。而东汉“三独坐”最为典型，一直被视为皇帝尊崇监察官员的典型做法。“三独坐”尊御史台之权，更增添了柏台森森之威势。

校事刺奸

——特殊职位强监察

东汉末年，军阀混战，曹操挟天子而令诸侯。当时曹营中流行一句话，为“不畏曹公，但畏卢洪；卢洪尚可，赵达杀我”。卢洪、赵达是什么人，竟然让人如此惧怕？

东汉末年虽然仍存在御史台这样的机构，但是在当时情况下，御史台难以有效发挥作用，尤其是曹操更不可能依仗御史台来打击反对力量。于是曹操就出台校事与刺奸这样的非正规监察机构，更多地依靠这种非正规监察机构来有效打击反对势力。

校事权力极大，称为抚军都尉，秩比二千石，几乎无所不察、无所不监。校事监察的内容非常广泛，涉及政治、经济、军事等各个方面，基本是上察宗庙、下摄众司，官无局业、职无分限，随意任情，唯心所适。除监察权外，还具有治狱权、判决权和缉捕权。刺奸职能类似校事。校事与刺奸一起发挥着监察百官以及军队等作用。

卢洪担任校事一职，赵达担任刺奸一职。从“不畏曹公，但畏卢洪；卢洪尚可，赵达杀我”的歌谣，足以看出校事与刺奸的作用以及人们对他们的畏惧程度。在校事和刺奸发挥一定作用，且曹操地位逐步稳固后，曹操鉴于二人民愤极大，杀卢洪和赵达以谢同僚，但校事一职在曹魏长期存在。

设立校事、刺奸与曹操个人权术有直接关系。曹操受法家影响较深，尚法但不苛政，多行权诈之术，被人视为奸雄。曹操强调，天下战乱频发之际要赏罚分明，以法治天下。关于其“割发代首”的故事流传至今。曹操特别强调，法令设而不犯，犯而必纠。重视监察活动，但也反对滥用察纠和酷刑，强调要旁施勤教，恤刑慎狱。

曹操不拘一格选择人才，强调弃短用长，不能求全责备。

曹操曾直言设校事、刺奸的用意，即贤人君子不能发挥刺举辨奸的作用，只有残忍苛刻、行为诡秘之人才能发挥监察作用，因此任命卢洪、赵达担任校事、刺奸。校事、刺奸之设，即彰显曹操用人只重才而不重德的一贯作风。卢洪、赵达确实不负曹操所托，对打击反对势力以及限制下属纵权发挥了重大作用。

当时也有特殊军事监察组织，如督军御史中丞，司马懿就曾担任此职。曹丕迫使汉献帝禅位时，司马懿也参与其中，以督军御史中丞身份率领属下的侍御史郑浑等人上表劝进。

曹操时期校事权力相对较为有限，加上曹操有意限制，校事与刺奸不致纵恣妄为，但群情仍有愤言。曹丕建立魏国后，仍设御史台为监察机构，御史台与少府完全独立，基本完成监察权与行政权的分离。为进一步发挥校事作用，设校事为正式监察官，校事成为曹魏维护皇权、限制臣下的重要工具。

曹丕在位期间，刘慈任校事。虽然刘慈任校事时间不长，但刘慈举吏民奸罪以万数。校事不仅针对普通臣民，其重要监察对象是士家大族。校事的存在有效限制了士家大族的势力，于是士家大族对校事啧有烦言，力求去之而后快。魏明帝曹睿时，宜阳典农刘龟曾在禁地射兔，有人至校事告发，结果魏明帝大怒，将刘龟逮捕下狱。

正始十年（249年）高平陵事件后，正式取消校事一职。高平陵事件以司马懿诛曹爽而告终，但司马懿权势并不稳固。为笼络士家大族，取得士家大族的支持，司马懿应黄门侍郎程晓之请撤销校事之职。程晓为曹操重要谋臣程昱之孙。程晓称，校事权力过大，依势放纵扰乱朝政，如果司隶校尉与御史中丞都难以担当监察大任，校事小吏更不可信而且无益，实乃无所可用，要求撤销校事之职。程晓所奏代表当时士家大族的要求，于是司马懿为获得士家大族的支持，下令撤销校事之职。至此，校事在曹魏消亡。

刘备建立蜀国后，监察机构基本承汉制。为

加强监察也建立了类似校事一类的组织，直接对刘备负责，该组织负责的案件诸葛亮也无从插手。诸葛亮曾因为某案向刘备说情，而刘备因有特殊渠道了解案件内情，对诸葛亮讲情置之不理。

孙吴设御史台为监察机构。孙权执政时亦曾设校事，而且校事存在三十余年之久。当时吕壹为校事，用法峻刻。校事权力极重，吕壹甚至能决定丞相人选，而且能阻止太子进见孙权。校事之设影响到士家大族的利益，遭到士家大族的强烈反对。太常潘濬决定在朝会之际亲手杀死吕壹，以身当之为国除患。虽然因事泄未成，但潘濬每次进见孙权时都要告发吕壹之奸险。最终孙权杀死吕壹，取消校事一职，并引咎自责。

至末帝孙皓又重设校事，且增设弹曲。设弹曲二十人，以纠司不法。左丞相陆凯上疏，坚决反对重设校事，称复立校事为不遵先帝之法，但反对无果。

孙皓设弹曲也遭到强烈反对。建议设置弹曲的司直中郎将张俶，被指奢淫无厌擅杀无辜，张俶父子均被车裂。孙吴士家大族势力强大，当校事等职被取消后，难以实施对士家大族的有效监察，结果吏治败坏。

千步清道

——位高优待权威彰

南北朝时期战乱频仍，皇帝更加重视发挥监察机构的作用以维护皇权，因而往往予以监察机构负责人特殊的礼遇，如北朝北魏监察机构负责人御史中尉千步清道。所谓千步清道，即御史中尉出行时千步以内不得有其他人的车驾，其他人遇到御史中尉出行必须回避。

北魏御史台亦称“南台”。御史台长官为御史中尉，秩位三品。御史中尉督司百僚，出入千步清道，与皇太子分路，王公官员等避让迟缓者则以棒相击。

北魏孝文帝时李彪任御史中尉。有一次李彪车驾所到之处，却有另一车驾径行而来，毫不回避。李彪正自奇怪，下人告诉他对方是洛阳令元志。二人都不肯相让，在大路中央争吵，无奈找孝文帝裁决。

李彪称其为御史中尉千步清道，洛阳令岂能与之抗衡，竟不让道？元志称其为洛阳令，京城所有人均在其管理之内，御史中尉也不例外，岂有趋避御史中尉之理？

孝文帝只能和稀泥，称御史中尉千步清道，不过洛阳令也不是一般官员。下令以后他们分道扬镳，相遇分路而行。李彪与元志以尺量好道路，各取其半而行。分道扬镳这个成语即来自此处。

李彪任御史中尉素来强硬，得罪了诸多官员。司州牧元干为宗室，位高权重，为孝文帝宠信。李彪弹劾元干，孝文帝召见元干历数其罪，行杖一百，而且免掉其职务。太子元恂因反对迁都被废为庶人，后被李彪弹劾谋逆，孝文帝即赐死元恂。

李彪家境贫寒，最初依附李冲。李冲也倾力向皇帝推荐李彪。后李彪升任御史中尉，孝文帝对其极为欣赏，比其为汉代汲黯。李彪发达后对李冲不再礼遇，而且时有冒犯。

某次孝文帝南伐，以李彪与尚书左仆射李冲、任城王元澄共同掌理留守事务。李彪素性刚豪又自以为御史中尉，经常与李冲发生冲突。李冲忍无可忍之下，囚禁李彪于尚书省，上奏章弹劾李彪。为使李彪认罪，李冲又囚禁包括治书侍御史郦道元在内的御史台其他官员，均泥首面缚。李彪为救属下，承认罪状。

孝文帝收到李冲的奏疏，怅叹良久。称李彪是傲慢自大，而李冲也是有点过分了。虽然司法判处李彪死刑，但孝文帝予以赦免，只是免职而已。李冲经此冲突，精神失常，不到十天即亡。

此次事件中，郦道元作为治书侍御史受到影响。郦道元以撰写《水经注》闻名。郦道元出身世家，为李彪识拔为治书侍御史。但有书中将李冲弹劾李彪之事误为郦道元弹劾李彪，并将其作为治书侍御史也可弹劾上司御史中尉的典型，此例实误。

后郦道元升为御史中尉，行事刚正严猛，因

杀汝南王元悦的男宠而得罪汝南王。孝昌三年(527 年)，雍州刺史萧宝夤意欲造反，朝廷想派官员前去安抚，而去安抚必死无疑。汝南王借刀杀人，向皇帝举荐郦道元前往安抚。果然，郦道元行至阴盘驿亭时，被萧宝夤手下的郭子恢围困所杀。

其他御史中尉也享受千步清道礼遇。御史中尉高道穆出行时遇孝庄帝的姐姐寿阳公主，寿阳公主不肯让路，高道穆命人捣碎其车。寿阳公主向皇帝哭诉，皇帝反而向高道穆致歉。

高道穆任侍御史时，曾纠举相州刺史李世哲奢纵不法，李世哲一家怀恨在心。后李世哲之弟受宠于太后，寻机报复诬陷高道穆之兄高廉之，压良为贱，并逮捕下狱后处死。

为防止御史炮制冤假错案，御史中尉高道穆建议设置廷尉司直十人，秩五品，选历官有称心平气正者担任，以发挥监督御史的作用。

也有监察官员欺软怕硬，专门弹劾小官，甄琛任御史中尉时即是如此。宣武帝有宠臣赵修横行不法，甄琛不但不弹劾，而且极力结交。类似情况各朝均有不同程度的存在，所谓“严小吏而宽大吏，详去任而略现任”。甄琛当赵修得势时刻意逢迎，赵修一旦势败即行攻击，收集了赵修大量罪状上奏弹劾并自我洗涮。赵修被处死后，朝廷追究甄琛罪行，将其免职驱逐回家。

虽然北魏强化御史中尉之权，但是并非所有御史中尉都能像李彪一样发挥作用。北魏后期受多种因素的影响，监察制度逐步失去应有的作用。御史中尉王显未担任御史中尉前曾受元寿兴责罚，担任御史中尉后即诬陷元寿兴诽谤朝廷，元寿兴被赐死。

北魏后期御史中尉选任御史多看关系亲疏，导致御史素质下降。最初规定御史不随台主更换，使其可专心监察也不致卷入政治旋涡。王显任御史中尉时，借口不熟悉属官而要求更换御史，开始由御史台自主选任御史。此后每上任新的御史中尉即更选御史，但监察效果并不明显，而且颇多弊端。孝庄帝时尔朱荣掌权，经常以其亲党担任御史。尔朱荣死后，孝庄帝说可以精选御史了。

北魏末年，高慎任御史中尉时也多用亲戚乡闾担任御史，严重影响监察作用发挥，吏治腐败日趋严重。虽然有千步清道之规，北魏也渐趋灭亡。

除北朝加大御史中尉权威以发挥监察作用外，南朝也不断强化御史官员权威以加强监察。南朝时，御史中丞为御史台长官。南齐时，江淹担任御史中丞，权高位重。御史台长官也称南司。齐明帝对江淹说，今君为南司足以震肃百僚。江淹弹劾中书令谢朏等，又上奏把梁益二州刺史付廷尉治罪，齐明帝赞扬江淹为“近世独步”。此江淹即梦笔生花、江郎才尽之江淹。

南朝士家大族普遍不愿担任御史中丞之职，而且为防止士族之间相互庇护，一般也不让其他士家大族担任御史中丞之职。随着御史中丞权限的扩大，以前有一定监察权而不属于御史中丞的职能划归于中丞，如执金吾即每月定期绕宫城巡逻。

精舍台碑

——精舍忏悔台碑记

西安碑林博物馆现存有唐代精舍台碑。精舍即佛堂。武则天崇佛，在御史台台狱旁建设佛堂，希望依靠佛教的感化力，使有罪官员忏悔向善。精舍立有一碑，即为御史台精舍碑。碑由崔湜撰文，梁昇卿隶书，赵礼镌碑。

碑螭首方座，高 145 厘米，宽 65 厘米，厚 13 厘米。碑题“大唐御史台精舍碑铭并序”，碑文十八行，满行三十字，隶书。额题“御史台精舍碑”，二行，每行三字，篆书。碑阴、碑侧及前后碑额空处均有题名，题名者为御史台官员。碑于开元十一年（723 年）刻立，时任殿中侍御史梁昇卿书写。

唐代中后期御史地位有所下降。御史地位下降表现在御史风闻奏事和独自弹劾被取消。唐玄宗开元十四年（726年）御史风闻奏事被取消，规定劾状必须具各事人姓名。李林甫为相时，规定御史言事须御史大夫同署。有时皇帝刻意打压监察官员，监察官员发挥的作用远远不如武则天时期。

隋统一全国后进一步加强监察体制建设，改检校御史为监察御史。隋炀帝时废除御史值宿禁中旧制，御史台真正独立。御史弹劾对象上至王公贵族下至九品以上官吏。禁止风闻言事，构建反监互察机制。允许监察系统内部官员相互检举纠劾，也允许其他官员监督监察官员。

唐代监察制度进一步健全完善，前期御史台基本承袭隋制。唐太宗时应御史大夫李乾祐之请，在御史台设监狱拘禁罪犯。唐玄宗时御史台定型。构建御史台“一台三院”制度，即御史台下设台院、殿院、察院。御史大夫为御史台长官，最初为从三品，后升为正三品，与六部尚书品秩相同。御史大夫主要职责为职掌刑法典章，朝会时负责纠正百官之班序，也称“大门官”。

御史大夫在政治生活中举足轻重，诸多名臣曾担任此职，如马周、狄仁杰等人。御史台长官地位显赫，是升任宰相的重要途径。唐代御史中丞直接或间接升任宰相的，共三十九人次。马周受识于唐太宗，由监察御史里行改授监察御史，后任中书令。唐太宗极为欣赏马周，曾说暂时不见便思之。

台院主官为侍御史，四人，从六品下，职位重要。殿院置殿中侍御史六人，从七品下，负责监督百官入殿时礼仪。察院主官是十五名正八品下的监察御史，重点对六部官员进行监察监督。唐初由三人监察尚书省六部，后改为六人分察六部，称为“六察官”。

殿中侍御史可以站立在五花砖上，绿衣，用紫案、褥之类，称为“七贵”。故殿中侍御史以“七贵”为代称，也以“五花砖”代指监察官员。监察御史俗称“开口椒”，因开口椒特辣，以形容监察御史的职权。

唐高宗时监察御史韦思谦弹劾中书令褚遂良

贱价买地，结果褚遂良贬为同州刺史。而后褚遂良复相位，报复韦思谦，将其贬为清水县令。虽然有人为此讽劝韦思谦，但他根本不以为然，指出作为监察官员就要上报天子，不能碌碌无为。

韦思谦曾说过，如果御史出使不能地动山摇、震慑州县，则为不称职。韦思谦任侍御史时，与王公相见而不行拜礼，有人暗讥为何不拜。韦思谦回称，身为耳目之官就应当特立，雕、鹗、鹰、鹯非众禽之偶，不可下拜。

尚书省召开七品以上官员会议需事先通知察院，由察院派出监察御史列席。中书省、门下省有敕令下达时，也要有监察御史在场，监督尚书省受命行事。

监察御史弹奏范围包括日常生活。张衡位至四品，本来很快要加一阶入三品，一次退朝时在路上买一蒸饼并在马上吃掉，被监察御史弹奏。武则天下令，不许入三品。

节度使最初不带御史衔，唐玄宗开元年间张守珪为幽州节度使加御史大夫，幕府始带宪职，为唐代监察制度的一个转折点。张守珪为安禄山义父。某次安禄山兵败当斩，但张守珪将安禄山解送长安交皇帝发落。唐玄宗不但赦免安禄山之罪，且加封赏，实为养虎贻患。

安史之乱后，诸道方镇均带御史衔，度支、盐铁、转运等巡院官员亦带御史衔，称为“外台”，监察权下移。监察权下移削弱中央监察权的同时，不断强化地方藩镇势力，间接导致唐朝的覆亡。

武则天特别重视监察机构。在逐步掌握朝政大权以及称帝的过程中，武则天通过借重监察官员的力量来打击政敌。武则天多任用酷吏担任御史，以发挥其苛刻无恩、以诛暴为事的特点，打击李唐宗室等反对力量。等武则天统治稳固后，为平息民愤，又将来俊臣等酷吏处死。

正是武则天极为重视御史台的作用，加之其自身极为信奉佛教，才在台狱旁设置精舍。精舍台碑碑文记载了武周长安初年（701—704 年）御史台台狱建成精舍，同僚推举殿中侍御史崔湜撰文，记述御史台建精舍的缘由、经过以及精舍的建筑情况。由于崔湜获罪罢职，直到开元十一年（723年）才由殿中侍御史梁昇卿追书成文，并由名匠赵礼摹勒上石，立于精舍。碑阴及两侧为历任御史题名。

书者梁昇卿博学工书，以八分隶著名于唐玄宗时期。精舍台碑书法笔道秀美，平整丰润，有评称唐代隶书梁昇卿居首。碑阴和碑侧等处题名也为当时名士所书，号称唐人小楷无此题名出色者。立精舍台碑时台狱尚未撤销，而两年后崔隐甫任御史大夫，即建议撤台狱。虽然撤销台狱，但精舍台碑却流传至今，成为研究监察文化的重要文物。

乌台诗案

——诗人无奈诗案累

元丰二年（1079 年）苏轼任湖州知州，到任后上表谢恩。谢恩表被监察御史何正臣等举报讥刺朝政，苏轼被御史台派人抓捕回京。这次并非苏轼第一次被举报，早在几年前沈括就举报苏轼涉嫌诽谤朝政，但当时宋神宗置之未理。这次由监察御史举报，宋神宗下令将苏轼押回京城严加审理。

因此案由监察御史举报，御史台又称“乌台”，该案主要内容虽然由苏轼谢恩表引起，但主要涉及其诗，所以此案被称为“乌台诗案”。

宋太祖赵匡胤黄袍加身后特别重视防范臣下，有效加强监察机构建设即为具体措施之一。

宋代中央监察机关仍为御史台。为防止御史台台长御史大夫权力过大，只任命副职御史中丞。宋神宗曾经想任命司马光为御史大夫，但宰相担心其影响自身权势予以反对，宋神宗也担心其权力过大，最终未予任命。

宋代御史台仍设台院、殿院、察院三院。设御史中丞一人，秩从三品。台院设侍御史一人，秩从六品，为御史中丞副手。殿院有殿中侍御史二人，秩正七品，职掌纠举百官违失。察院置监察御史六人，秩从七品，上至宰相下至一般官员都在御史弹劾之列。

北宋初期御史弹奏要先报告御史中丞。宋仁宗即位后，新任御史中丞刘筠提出，御史弹奏不必事先报告御史中丞。此后御史弹劾权独立，不受长官干预，御史权限扩大且地位尊崇。

庆历四年（1044 年）御史中丞贾昌兼侍讲官，为皇帝说经讲义，此后御史中丞兼侍讲延续至宋室南渡。

御史台有一门卫年过六十，平时手拿木棒，每当台长经过时，如该台长为官清正则横拿木棒，反之则竖拿。范镇任御史中丞时，老门卫初见范镇后横拿木棒，但有一天门卫突然竖拿木棒。范镇大惊，召问门卫询问原因。原来是中书省长官将到御史台视察，为招待视察官员，范镇特地叮嘱厨师认真准备午餐，因此门卫竖拿木棒。范镇向老门卫道谢并表示一定改正，第二天老门卫见范镇时又重新横拿木棒。

宋代御史台职能有较大发展，监察范围大大拓展。尤其是参与司法工作，遇到重大案情皇帝会诏令御史台推审案件，审理苏轼一案即是典型。

监察御史监察百官有劾、弹、纠、奏四种方式。揭发指控重大罪行称为“劾”，较大罪行称“弹”，罪行较轻称“纠”，一般性的违纪称“奏”。上至宰相、下至一般官员均在弹劾范围，尤其是宰相因被御史弹劾而被罢相之事较多，宰相被弹劾一般均要辞职。

宋代初期御史弹劾宰相者较少，宋仁宗后御史弹劾宰相较多，因被弹劾而罢相的就有十余人。宋仁宗时刘沆为宰相，曾怒斥御史清议，御史中丞张升上奏反驳，于是免刘沆宰相之职。此后宰相文彦博、梁适、陈执中、富弼等均因被弹劾而免职。皇帝为限制相权，有意纵容监察官员弹劾宰相，以有效加强对宰相的控制。

皇帝一般尊重监察官员的弹劾权。范仲淹担任右司谏时以言事被贬出任睦州知州，朝臣多论救，只有左司谏高若讷认为当贬。时为馆阁校勘的欧阳修写信责骂高若讷，称其不复知人间有羞耻之事。高若讷申诉于宋仁宗，欧阳修被贬为夷陵县令。

后范仲淹回朝任吏部员外郎，吕夷简为宰相任人唯亲，范仲淹向宋仁宗上《百官图》，指出百官升迁程序不对，不宜把朝臣升迁之权全部归于宰相。吕夷简授意殿中侍御史韩渎诬陷范仲淹结党，虽然宋仁宗极为欣赏范仲淹，但范仲淹还是被贬官降任饶州知州。

宋代注意对御史监督，元丰改制后设立专门监察御史的机构，即都司御史房。宋代君主专制大大发展而基本未出现宦官、外戚专权现象，御史台功不可没。

宋代建立监察官之间的双向监察机制，御史台内部要相互监察，台谏官之间也要互相监察。监察御史来之邵买倡家女为妾，御史中丞黄履弹劾其污行，来之邵被降职。欧阳修曾弹劾御史王砺，王砺被贬到地方任职。知谏院唐介等人曾弹劾右谏议大夫、权御史中丞韩绛论事不当，韩绛被黜担任地方官。

宋代出台月课与辱台钱制度。御史每个月必须向主管部门汇报一次自己的工作成绩，称为“月课”。如果上任后百日内未能履行纠举弹劾之责，即被视为失职。轻者要受到罚俸即“辱台钱”，即有辱担任台官之意，重者被罢免出任外官。

新任御史王平任职即将满百日而未有弹劾，同僚很是奇怪，有的称其有待而发，一旦弹劾必是大事。不久，王平有疏上奏，却是弹劾御膳中有头发，王平因此被称为“弹发御史”。

也有其他搞笑御史。宫廷有卫士生事，很快被捕杀之。御史宋禧进谏，建议将四川罗江狗养在宫中以防有变，时人称其“宋罗江”。另有御史席平审理诏狱完毕将罪犯处斩上殿复命，上奏宋仁宗“已从车边斤矣”，车边斤即斩字，时人称其为“车斤御史”。

御史台负责调查审讯勘明事实，由大理寺负责判决。御史台审理“乌台诗案”不遗余力，其记录有“逐次隐讳，不说实情，再勘方招”。即苏轼最初不肯说实情，再次审问才招。御史中丞李定声称必须将苏轼斩首，而大理寺官员判定“徒二年”，因朝廷发出赦令苏轼应被赦免。对此判决御史台极为不满，但审刑院在复核时支持大理寺判决。

在多方努力下苏轼免于一死，被贬谪为“检校尚书水部员外郎、黄州团练副使，本州安置”，而且“不得签书公事，令御史台差人转押前去”。受此案牵连的被贬官罚铜的有十余人，司马光等十余人各罚铜二十斤。

对此案苏轼苦笑称为命中注定：“在彭城作黄楼，今得黄州；欲换武，遂作团练，皆先谶也。”苏轼虽受累此案被贬黄州，但留下许多脍炙人口的作品，还有大名鼎鼎的东坡肉。

医左右手

——职级空前医两手

元世祖忽必烈说，中书省是左手，枢密院是右手，而御史台是用来医左右手的！忽必烈对御史台非常重视，元代御史台也发展到一个新的高度。

忽必烈为加强统治不得不遵用汉制，设御史台是其中的重要内容。忽必烈命刘秉忠、许衡酌古今之宜而定内外之官，逐步构建了既能确保蒙古贵族利益，又积极吸纳唐宋时期有效加强统治的制度体系。

经过变革，中书省总政务，枢密院秉兵柄，御史台司监察。元初本欲承唐宋时期旧制继续设三省，但在侍御史高鸣的建议下废门下省和尚书省，独设中书省为最高行政机关，中书省下设吏、户、礼、兵、刑、工六部，改三省六部制为一省六部制。

御史台设于至元五年（1268 年）。最初并未设御史台，在汉大臣张雄飞、高智耀的建议下才设立。御史台与中书省、枢密院地位并重，成为中枢三大机构之一，职掌纠察百官善恶与政治得失。

一般朝代以左居尊以右为次，而元代官职以右为尊。御史台以右御史大夫为御史台之首，俗称“头大夫”。

忽必烈特别强调发挥御史台的作用，以御史台医治左右手为喻，希望通过御史台加强对中书省和枢密院的监督。忽必烈曾对张雄飞等监察官员说，你们身为台官，重点职责就是直言弹劾奸邪，就算我如果行事不善也要极力进谏。

唐宋时期御史台地位虽然重要，但是其机构设置以及官员职级远未达到与行政、军事并列的地步。至元代，御史台不仅与中书省、枢密院并列，而且品级进一步提高。

御史台权势极重，凡军国大事御史台与中书省、枢密院、制国用使司共同向皇帝启奏。御史台有权弹劾中书省、枢密院、制国用使司等内外百官奸邪非违之事，同时负责刷磨诸司案牍，并监察祭祀及出使之事。

御史台官员品级较前代大大提高。御史台设御史大夫二员，秩从一品，唐宋时期监察机构最高官员品级仅为三品。此后，明代将监察机构最高长官品级降为正二品，至清代才又把监察机构最高长官品级升为从一品。加强官职设置，设御史中丞二员正二品，设侍御史二员从二品，设治书侍御史二员正三品。

提升御史大夫品级，自是为了强化御史大夫权威，以有效发挥御史台的作用。御史大夫独立行使纠察百官善恶与进谏政治得失之权，且不受宰相干预。一般监察官员在行使监察权时，也不受其他的机构与官员的干预与掣肘。

对御史台内部机构予以改革，不再设台院、殿院和察院，而仅设殿中司和察院。台院与察院合二为一，监察御史权责扩大。殿中司设殿中侍御史二员正四品，主要负责监督百官班序与失仪失列等。察院设监察御史三十二员，品秩正七品，主要司耳目之寄及任刺举之事。

察院成为御史台的主体，监察御史的员额大大增加，监察范围广而且权重。为发挥监察御史的监察作用，仍然承袭前朝以卑察尊之制，监察御史品秩仅为正七品。将监察御史秩阶定为正七品，并不是不重视监察御史，而是秉承秦汉以来延续的以卑临尊原则，监察御史位卑职重更利于搏击。此外，通过良好的升迁机制，激励监察御史有效发挥作用。

蒙古贵族几乎垄断监察大权，担任御史大夫者必须为国姓。唯一被任命为御史大夫的汉人贺惟一，被赐姓拓跋，并改名太平。汉人只能担任次要监察职务，南人更受歧视。欲任命程钜夫为御史中丞时就受到否决，原因就是程钜夫为南人。

元代注意发挥监察官员的作用，把监察官员比为卧虎。但有元一代，权臣打压监察官员之事史不绝书。有几次权臣试图将御史台隶属于中书省以削其权势，但未果。也有监察官员被陷害致死，以致台事失宜逐渐废弛。

元代不乏监察名臣，姚天福就是其中之一。至元五年（1268年）姚天福入御史台任职，至元十一年（1274年）任监察御史。其初任监察御史就上疏弹劾宰相阿合马，因当时元世祖正倚重阿合马解决财政问题，并没有罢免阿合马。

一次，姚天福巡按时正好路过家乡，顺路回家探望母亲，而母亲一见他即斥责其作为御史为何私自回家。姚天福对其母说，我作为监察御史，即使冒犯皇上也不敢徇私，已向皇上禀明，如果冒犯了皇上请不要牵连我的母亲。宰相阿合马想抓他的把柄，曾突击搜查其家，结果一无所获，只搜出几升脱皮的谷米。《元史》将其视为汉代汲黯与宋代包拯。

元代全部废除门下省机关，不设谏院。御史兼有谏官职能，台谏职责完全合一。虽然给事中仍保留，但归属起居院，仅掌记起注，不再负责言谏封驳的职能。

元代入主中原前并未成立御史台，刚入主中

原后也未马上成立，感觉到难以控制政事时才在汉大臣的建议下设立御史台。忽必烈希望以御史台监督中书省与枢密院，而实际上御史台并未发挥其应有的作用。虽然将御史台职级空前提高，并赋予其监督弹劾中书省与枢密院的功能，但实际效果欠佳。

正是有了元代的教训，清代在入关前即成立监察机构，而且在后来进一步强调发挥监察机构的作用。

由台而院

——推陈出新都察院

中央监察机构自东汉初改为御史台后，御史台作为监察机构名称一直延续到明初。明初也是先设御史台，后撤销，两年后成立都察院，取代御史台作为中央监察机构。

洪武十三年（1380 年），朱元璋杀丞相胡惟庸，废中书省与丞相职位，中书省之政尽归六部。废御史台御史大夫之职，只设左右中丞正二品和左右侍御史正四品。不久撤销御史台。

洪武十五年（1382 年）设都察院为监察机构。设都御史八人，秩仅正七品。设监察御史为浙江、河南等共十二道，各置御史三至五人不等，秩正九品。后于宣德十年（1435 年），确定为十三道监察御史。

各道监察御史分别掌管各道的监察工作。各道都设有监察御史署，每道设掌道一人。监察御史署在组织上属于都察院，但独立性较强，官署名称只标明道名。

另设六科给事中。六科给事中虽为监察机构，但并不隶属于都察院。六科给事中既加强监察力量，也使其与都察院相互监督，以防止监察力量过大威胁皇权。

六科给事中与十三道监察御史并称“科道”。监察御史以前属御史台，给事中以前属门下省，所以监察御史与六科给事中也称“台省”。

都者，总也。都察院即察院之总，不再分设台院、殿院与察院。都察院职掌专纠劾百司，辩明冤枉，提督各道，为天子耳目及风纪之司，负责弹劾不法、审理刑狱、考察官员等。都察院与大理寺、刑部合称“三法司”。都察院长官与六部尚书合称“七卿”。

朱元璋极为重视监察机构，御史台刚成立时

以汤和、邓愈分别为左、右御史大夫，为从一品，刘基、章溢为御史中丞，为正二品。后来因御史台权力过重，废御史台。

后来朱元璋意识到监察机构不可或缺后，改设都察院，大大下调都察院官员品级。但监察机构负责人品级过低不利于发挥作用，所以提升都御史品级与六部尚书相同，重点依靠正七品监察御史来发挥监察职能。

朱元璋认为，监察制度重在肃纪纲清吏治。如果监察机构偏重刑名则舍本逐末。并特别指出，监察官员要敢于充当忠谏之士和有作为的献替之臣，不能只是专于纠察。

有一次，朱元璋发现都察院官员有较长时间没有进谏，便召集官员训斥，称监察官员要忠言日闻以有益于天下国家，君有过而臣不言则是臣负君，臣能直言而君不纳则是君负臣。

朱元璋曾对监察御史称，为人不可太刚亦不可太柔，刚则伤物柔则废事，二者相济始克有成。又称纪纲法度为治之本，振纪纲明法度则在于监察官员。执法上应天象，稍有偏曲则纪纲法度废坏，而天道昭然，必须谨慎无偏执法。

为提高监察官员权威，朱元璋还特别注意以身作则礼遇监察官员。一次宴请百官，按惯例，按察使司佥事作为地方监察官员不足以入殿，长史可以入殿。朱元璋以佥事为方面官为由，让佥事入殿且位于长史之上，并成为定制。

朱元璋强调监察官员要以公正为心廉洁自守，努力作百官表率。浙江道御史凌汉曾审清许多冤案，有一次被平冤的人邀请其到家喝酒并赠以重金。凌汉说，律有定法并非法外施恩，喝酒可以，不可受金。朱元璋知道后非常高兴，破格提拔凌汉为右副都御史。

朱元璋非常重视监察官员的文化素质，主张官员必须经科举考试选拔，但对年轻的监察官员，有实际才能又品行良好就可以破格提拔。即资格为常流而设，若有贤才可不拘常例。

都察院设左右都御史各一人，左右副都御史各一人，左右佥都御史各二人。至洪武十七年（1384年），将都御史定为正二品，副都御史正三品，佥都御史正四品。内设有司务厅、经历司、照磨所、司狱司等机构。定都北京后，南京亦保留都察院，设右都御史、右副都御史、右佥都御史各一人。

都察院及监察官吏职权广泛，远非前代御史台可比。御史弹劾时身着绯衣，当御前面加纠举当场拿问。在京都察院、十三道监察御史以及地方按察使司，均称“风宪衙门”。

监察御史权重，但是处事若有差失，惩办也极严厉。洪武十五年（1382 年），御史雷励误把良民判为徒罪。朱元璋称身为御史执法不平，何以激浊扬清伸理冤枉？于是命法司论雷励之罪。

宣德年间御史谢瑶在荐举文牍上误书被荐者姓氏，奏书上呈后又自陈改正。明宣宗告诉吏部，荐贤不知其姓岂能知其才？轻率如此，岂称御史之职？于是把谢瑶贬为交趾大蛮县（今越南北部）知县。左都御史刘观历仕洪武至宣德五朝，但广收贿赂，被大学士杨士奇和御史张循理等人弹劾。明宣宗将刘观谪戍辽东，不久刘观死于流放地。明宣宗说，若不罢裁刘观，风宪安得整肃！

监察加强

——科道并行纠奸慝

清代入主中原前即成立都察院，定都北京后进一步强化都察院职能。

皇太极于崇德元年（1636 年）设立都察院，设承政一人，左右参政各二人。皇太极指出，对政事背谬以及贝勒大臣有骄肆侵上、贪酷不法、无礼妄行者，都察院要直言无隐，即使所奏不实亦不坐罪，但如知情蒙蔽则以误国论。

首任承政为汉人张存仁。张存仁原为明代副将，后降清。其担任都察院承政期间忠于职守，数次弹劾六部官员，曾致信招降吴三桂。清军入关后，张存仁从征江南等地，建议开科取士，后任闽浙总督、兵部尚书等职。

定都北京后，都察院左都御史满汉各一人，从一品，左副都御史满汉各二人，正三品。右都御史、右副都御史为督抚兼衔，不设专员。都察院与刑部、大理寺合称“三法司”。都御史、监察御史等监察官员的补服图形为獬豸。

都察院负责纠劾各级衙门、官吏之奸贪劣迹，条陈政治民生得失利弊，参加九卿议奏事议，会同刑部、大理寺审办钦交大案及朝审、秋审，检查注销文书案卷、封驳事宜以及稽察京师地方治安等事。

都察院下设有六科、十五道等。六科给事中，即吏、户、礼、兵、刑、工六科。满汉给事中各十二人，正五品。最初六科给事中并不隶属于都察院。雍正初年将六科给事中并于都察院，在加强都察院力量的同时，言谏系统消失。

全国划分为十五个监察区，即京畿、河南、江南、浙江、山西、山东、陕西、湖广、江西、福建、四川、广东、广西、云南、贵州十五道。监察御史分属十五道，共设监察御史满汉各二十八人，从五品。最初河南道掌理都察院事务，职掌最重要。乾隆二十年（1755 年），把京畿道列于河南道之前并互换所掌，京畿道成为要职。

给事中论科，监察御史论道，给事中和监察御史合称“科道”。雍正五年（1727 年）规定，给事中仅能由监察御史升任。监察御史和给事中承担都察院的主要工作，包括弹劾奸邪、照刷文卷、进谏君主、巡视五城、纠劾礼仪、稽察考试等。监察御史和给事中的工作相对独立，左都御史与左副都御史较少干预。

设五城察院负责京城治安，由巡城御史负责。五城察院的职责犹如汉代司隶校尉，五城察院的长官为五城御史。雍正元年（1723 年）规定，五城察院设满汉五城御史各一人。五城察院下分设兵马司，其长官为兵马司指挥，由五城御史督率管理，负责缉捕诉讼等事。

顺治初年在都察院门口设登闻鼓，由监察御史轮值，后由监察御史和给事中轮值。康熙年间，登闻鼓并入通政司。

为加强对皇族的监督，设置宗室御史处。宗室御史处负责监察宗人府，又称稽察宗人府衙门。又设置稽察内务府御史处，设内务府御史二人，主要稽察内务府事务。

清历代皇帝均极为重视发挥都察院的作用，不断以圣谕形式对监察工作加强指导，特别注意加强对科道官员的选拔。制定了一套完整的监察官员选拔体系，从监察官员的出身、考前职务、考试、引荐、任命等程序都予以严格规定，以确保将符合资格的优秀官员选拔进入监察队伍。监察官员升迁前景良好，流动快速，吸引了大批优秀官员考选。

清中前期监察御史整体素质较高，而至清晚期监察御史素质有所下降。担任监察御史较好的前途是外转升任道员和知府，而有的官员宁愿等待希望通过京察一等而提拔，而不愿考选监察御史。

光绪三十二年（1906 年）官制改革，都察院改设都御史一人、副都御史二人，不再分满汉。一般是汉人担任都御史，副都御史满汉各一人。官制改革后都御史为汉人陆宝忠，后因被弹劾抽鸦片而解职禁烟，由张英麟署理都御史。陆宝忠禁烟未成功而身故，张英麟正式任都御史，直至清亡。

官制改革后，原六部除吏部、礼部保留外其他部均撤销，而且新设其他部。六科给事中不再名副其实，所以裁六科名称，只称给事中，铸都察院给事中印，设给事中二十人，不再分满汉，但满汉比例基本相当。其中掌印给事中二员升为正四品，其他给事中职级不变。

根据省份情况，分江南道为江苏、安徽二道，分湖广道为湖北、湖南二道，增辽东、甘肃、新疆三道，共二十道，监察御史按省分为二十道。改设监察御史四十四人，仍为从五品，不再分满汉。与给事中相同，监察御史满汉比例基本相当。因给事中和监察御史原来员数较多，官制改革后采取缺员不补的政策，以使给事中和监察御史员额符合要求。

撤销宗室御史处、稽察内务府御史处及五城察院，增设都察院研究所，规定给事中、御史各员必须分日到研究所参阅研究。该研究所是中国近代第一个监察研究机构，也是第一个监察官员培训机构。

帝王巡狩

——八骏日行三万里

中央集权政府如何有效加强对地方政府的监督，是历代王朝均需面对的重大问题。帝王巡狩是解决的途径之一，原始社会后期就有帝王通过巡狩监督地方部落的记载。

君主亲自出行巡察称巡狩。巡狩最初起源于原始社会时期的狩猎活动，在部落联盟时期进一步发展，主要以狩猎这种形式为主实施的巡视活动。原始社会时期本来就有依季节而流动的习性，巡狩也是遵循这种习性。在当时交通和通信极其不便的情况下，为加强对其他各部落的监督，通过巡狩亲自到地方巡察就是一种可行的途径与手段。

有记载的巡狩最早可追溯到黄帝时期。据《史记》记载，黄帝曾东至于海，西至于空桐，南至于江，北逐荤粥。颛顼亦经常巡狩，北至于幽陵，南至于交趾，西至于流沙，东至于蟠木。

舜从摄政的第二年就开始巡视四方，每五年巡视一次，各部落首领每五年也要朝见舜一次，汇报社会秩序与民情。舜根据巡狩情况论定各部落首领的功过，并对犯错的首领予以处罚。舜曾流共工于幽陵，殛鲧于羽山等。

禹巡狩时崩于会稽。相传最初禹传位于益。三年服丧完毕后，因天下部落属意于禹之子启，启即天子之位，即为夏后帝启。

周天子通过巡狩加强对诸侯国的监察。李商隐有诗："瑶池阿母绮窗开，黄竹歌声动地哀。八骏日行三万里，穆王何事不重来。"传说中周穆王乘八骏日行三万里，亦行巡狩之实。周天子巡狩一般在春秋两季进行，除春秋两季气候原因适宜外出外，主要是春季为耕种季节以及秋季为收获季节，也是对农耕的重视。

除巡狩之外，君主规定诸侯定期朝觐述职，

是君主行使监察权的重要途径之一。诸侯朝见天子，春见曰朝，夏见曰宗，秋见曰觐，冬见曰遇。不定期朝见曰会，分批朝见曰同。

述职的方式有多种，诸侯向天子述职，比年一小聘、三年一大聘、五年一朝。比年即一年。聘指诸侯派遣卿大夫前往中央，朝是诸侯亲自到王朝朝觐述职。

春秋战国时期，各诸侯国君主也通过巡狩，或派遣官员巡行地方，以加强地方监察。

秦统一全国后，秦始皇与秦二世多次巡狩监察地方。秦始皇二十六年（公元前221年）至三十七年（公元前210年）间，秦始皇先后五次巡狩，所巡之地包括现在陕西、甘肃、河南等地。秦始皇出巡在颂扬功德以威服海内的同时，通过实地考察地方的生产生活、赋税收入等情况，以考察地方官员是否尽职尽力，并监察地方是否存在影响统治的隐患。

秦始皇巡狩至河南原阳博浪沙时，张良觅力士椎击秦始皇座车未果，史称“博浪椎秦”。后张良辅佐刘邦，刘邦称张良“运筹帷幄之中，决胜千里之外”。陕西汉中张良庙有对联，上联为“掷秦一椎”，下联为“辞汉万户”，横批为“知止”。掷秦一椎即博浪椎秦。西汉成立后，刘邦欲封张良齐地三万户，张良坚决推辞。张良只求封初次与刘邦相遇的留地，即今江苏沛县，所以张良又称“留侯”。

秦始皇病逝于最后一次巡狩途中，胡亥夺得皇位。胡亥继位后也曾东巡郡县，并诛杀有罪的地方官吏。

帝王除亲自巡狩外，也派官员到地方巡行监督地方官员。巡行是有效加强对地方官吏监察的方式，毕竟国君巡狩的次数较为有限，通过派遣丞相等官员到下属县巡行，可以了解下属情况，有效加强监督。巡行的目标包括加强农业管理，整治打击不法行为等。

有君主派出专门官员察访官吏，调查各级官吏有无越权越轨行为，或者针对重点事项直接派员进行察访。春秋时期齐威王时分别派官员调查阿大夫和即墨大夫的履职情况。虽然朝廷官员经常表扬阿大夫，但阿县百姓贫苦。而即墨大夫虽然经常被诋毁，但当地大治。齐威王就烹阿大夫，而奖赏即墨大夫。于是齐国官员震惧，齐国逐步强盛。

战国时期，御史已有至郡县巡行监察地方官的职能。据《韩非子·内储说上》，战国时期魏国有一个御史去地方监察，当地郡令为抓住御史隐私，派英俊男子勾引御史的爱妾，进而掌握御史的隐私，以要挟御史不能行使监察权。虽然这个故事十之八九为杜撰，但也可从侧面说明御史亦需承担去地方监察的职能。

战国时期，随着中央集权的不断加强，对地方的监察越来越有必要。在此背景下，除了增加派官员巡行地方的次数外，也逐步派监察官员常驻地方。正如董说在《七国考》中所说，六国均已遣御史监郡。

汉代皇帝继续巡狩。汉高祖曾用陈平计，伪称“巡狩云梦以会诸侯”。趁楚王韩信前来迎谒的机会，将韩信逮捕。汉惠帝、汉武帝也多次巡狩，通过巡狩发现地方设的监御史形同虚设而废监御史之职。汉武帝元鼎四年（公元前 113 年）

巡狩时，发现地方监察混乱，诛杀部分违法郡守的同时，对地方监察体制进一步进行了反思。

东汉时期皇帝很重视巡狩，如光武帝刘秀巡狩就有六次。皇帝有时利用到地方之机，从地方郡守国相二千石中物色三公九卿等重要官员人选。刘秀有一次东巡后，陈留太守王（sù）况不久就擢升为司徒。陈留督邮虞延也名声大震，很快被司徒辟举为掾属，随后又先后担任公车令、洛阳令，最后位及三公。

此后朝代有的皇帝懒于巡狩，如南朝诸帝。隋炀帝曾说过自古天子有巡狩之礼，并对南朝皇帝处于深宫大惑不解。而隋炀帝开凿大运河，最终亡于扬州。

刺史巡部

——位卑权重监地方

黄帝时期设左右大监，以加强对地方部落监督。西周时期，通过对诸侯派驻监国以加强对诸侯国的监察。周天子派遣监官进驻诸侯国，实施监察。所置的官员称为“世守”，由天子册命。世守地位崇高，禄与诸侯之卿相当，爵位仅次于诸侯国国君。

秦代在每郡设一监御史。监御史隶属于中央而非地方，受御史中丞直接指挥与节制，代表中央监察地方。监御史到各县巡察，监察各级官吏。

西汉初期，刘邦分封诸子为王。诸侯王权力较大且下辖有郡，中央所辖的郡仅十五郡。最初，西汉未像秦时设监御史以监察地方，导致地方监察的问题日益突出。

汉惠帝时设置监御史以加强对地方监察，但监御史监察效果有限。汉文帝前元十三年（公元前167年），曾派丞相史监察地方，同时考察监御史履职情况。

元鼎四年（公元前113年）汉武帝巡狩时，发现许多郡国守相严重失职，监御史不能及时向中央汇报。汉武帝在诛杀部分违法郡守的同时，深感地方监察体制有待进一步变革。元封元年（公元前110年），撤销监御史。

元封五年（公元前106年）分全国为冀、幽、并、兖、徐、青、扬、荆、豫、益、凉、交趾、朔方共十三个监察区，称“十三部州”，每部州辖十余郡不等。每部设刺史一人，负责一州的监察工作，正式设立刺史制度。

刺史制度属于中央监察体系，由中央派驻地方监察，受御史中丞领导，与地方无关。部刺史官位不高，年秩六百石。刺史虽然官秩卑下，但拥有代表朝廷监察地方年俸二千石以上官员（包括诸侯王在内）的权力。刺史监察范围明确，但并不意味着对郡守以下的官吏放松监察。郡守以下官吏由郡守和督邮负责监察。

部刺史的首要任务是“周行郡国，举刺不法”，在监察郡守和诸侯王有无违法行为的同时考察其政绩，监察重点是地方年俸二千石以上官员及地主豪强。刺史对地方监察重点突出，显示出设计者深谙国情深谋远虑，抓住重点进行监察。

最初，刺史在监察区内并无固定住所。州刺史负责的郡较多，而且当时交通不便，没有固定住所利于刺史巡行以加强监察。中央严格规定刺史行部的时间，使他们亲临郡国又不常驻郡国，以避免刺史与地方官吏勾结。

刺史加强对地方监察的途径主要有二：一是定期巡察所辖郡国，二是接受吏民举报。刺史定期巡察所辖郡国，称为“行部”。发现违法失职者，根据违法情况对其弹劾。刺史行部时间一般在每年八月秋收开始之时，这一时期也是郡守开始编制上计、考课所用上计簿的时间。

每年年末刺史到京都汇报，将监察获得的有关官员的违法事项向朝廷汇报，朝廷据以作出对相关人员的惩处。除了行部和到京师汇报时间，刺史均在治所受理吏民检举揭发等事。

汉成帝时朱博为冀州刺史，在行部时有数百人检举案件。他派人告知民众，刺史只查两千石以上，举报两千石以下的请到所在郡守举报，举报二千石的请到刺史治所。

刺史需遵守严格的籍贯回避制度，一年一任，不得连任。部刺史只有处置权而无弹劾权，对二千石官吏的违法行为必须上报御史中丞，而不能擅自处理。但也有例外，主要是在打击诸侯王时。汉昭帝时，青州刺史隽不疑发现刘孝王孙刘泽交结郡国豪杰谋反，及时收捕刘泽平叛。汉宣帝时，冀州刺史张敞率领郡国吏属围困广川王宫，搜得众盗及包庇者，将其全部诛杀，并悬首示众于宫门之外。

部刺史虽然权重，但是不得纠举中央官员，只有在特殊时期行使司隶校尉职能后才能监察纠举百官。汉桓帝有一次巡狩南阳，随驾的公卿贵戚征求劳役不法。护驾从事胡腾上奏，请以荆州刺史行使司隶校尉职能，结果效果良好，没有敢再妄求之人。

部刺史以小监大以卑临尊，大小相制内外相维，使之勇于行使监察之权，既上报国家，也利于其个人升迁。一般刺史居部九年，即可升任郡守或诸侯国相，而有特殊功劳者往往得到超级提拔。部刺史只有六百石级别，可直升二千石的郡守国相，而且不一定任职满九年，这样良好的激励条件，足以鼓励刺史认真履职。

何武任扬州刺史五年，迁为比二千石的丞相司直，翟方进亦由朔方刺史迁升丞相司直。益州刺史王尊任职两年，即迁为东平相。张敞任冀州刺史，代理太原太守，满一年后正式担任。

东汉初期建武十八年（42 年），设刺史十二人各领一州，京畿一州由司隶校尉兼理。东汉部刺史职权不断加强，开始拥有固定治所，其职权不限于监察还有黜陟之权。部刺史不参与地方行政，仍以监察为主，但部刺史每年不再亲自向皇帝汇报工作，而是由下属进京汇报。

东汉末年，部刺史向州牧转化。朝廷为镇压农民起义，将部分刺史提升为州牧，并赋予民政和军政权力，刺史与州牧集民政、军政与监察于一身，史称“州牧出镇”。

汉灵帝时太常刘焉向皇帝建议，说刺史官秩太低，难以有效控制郡守，建议改刺史为牧伯，以朝廷重臣兼任，同时提出自己愿意担任交趾牧。汉灵帝不识先祖设刺史监临州郡苦心，改刺史为州牧，即废史立牧，结果导致州牧权力过大，形成地方割据。

提出建议的刘焉被任命为益州牧，而非交趾牧。交趾地处最南方，天高皇帝远。刘焉本想到交趾以避祸，却歪打正着到了益州。益州下属四川、甘肃等地且交通不便，后刘焉割据于益州。刘璋为刘焉之子，刘备从刘璋手中夺取益州，形成三国鼎立。

督邮巡县

——鞭打督邮气不休

汉代设部刺史，重点监察地方二千石以上官员。其他地方官员则由郡守与督邮共同进行监察。督邮作为地方所设而非中央派出的监察官员，重点监察太守以下官员。这样形成各有侧重、组织严密的地方监察体系，使所有地方官员均处于监察之下。正是因为汉代设置有刺史与督邮，中央集权政府对地方政府的监察才算比较成功。

最著名的督邮莫过于《三国演义》中被张飞鞭打的督邮。曾有相声戏说三国，称三国中有“无名无姓”之人，即该督邮。实际上鞭打督邮的为刘备，而非张飞。

督邮始置于西汉中期，本来职责是督送邮书。督邮作为太守了解吏治与民生的渠道，逐步承担了督察属县的职责。督邮在所部具有固定的官舍，可对属县官员纠举弹劾以及传达教令、督察属吏、案验刑狱、检核非法等。这样，地方监察制度与刺史制度相互补充，督邮既对太守以下官员进行有效监督，同时也可监督刺史，有利于地方监察势力平衡与加强地方官员监察。

督邮受太守直接领导。一般情况下，每郡设有东西南北中五部，每部设督邮，合称“五部督邮”。个别地区也有三部或四部督邮。督邮定期巡察部内诸县，并向太守汇报。督邮行使监察权的方式与部刺史一年一次行部相类似，通过一年一次行县方式对所辖县级官吏进行监督。

太守也需要定时到下属县巡视，称为“行县”。行县目的是考察监察属县官吏及豪强，并对违法者予以惩处。行县是太守必须定期履行的重大职责。郡守行县在加强对地方监察的同时，也肩负考察监督督邮的职责在内，以有效加强对督邮的监管。

郡守行县需要定期进行，一般是在每年春节。汉宣帝时韩延寿为太守任职年余，不肯外出行县。他的下属一再请求，称应该在郡中循行，以观民俗考治迹。韩延寿称，县有县令，而且督邮在外巡察，行县可能并无益处，反倒扰乱地方。但下属一再坚持，时当春月理应外出巡视。韩延寿无奈，只好依例行县。

汉时为加强地方监察可谓煞费苦心。除在地方设置督邮外，还赋予太守较重的监督责任。太守作为一郡最高行政长官，对属县长吏和地方豪强都有处罚之权。更为关键的是，行县时对于违法乱纪者可当场处置，这样有利于取得良好的效果。而不像督邮没有处置之权，必须上报给太守，才能给违法乱纪者以处分。如果太守不同意，则督邮无能为力。

黄霸为颍川太守时，督邮建议免去既老且病又聋的许县县丞之职。黄霸不准，最后不了了之。但一般情况下，督邮依据监察结果提出的意见基本都被太守采纳。

东汉每县分为五部，每部设一名廷掾，作为

负责监察部内各乡吏员的专职监察官员。设廷掾使对地方的监察由刺史、督邮两级，增至刺史、督邮、廷掾三级。地方最低监察官员由监县的郡属官员发展至监乡的县属官员，在对县以下官员加强监察的同时，标志着地方监察制度的进一步完善。

东汉充任督邮的官员，有的比较年轻，如朱穆二十岁即担任郡督邮。新任太守对朱穆如此年轻即担任督邮，非常惊奇。而朱穆予以解释，称郡中盼望新太守如孔子，如果不是颜回也不敢迎接孔子。朱穆将太守比为孔子，而自比颜回，从侧面解释自己为何年轻。太守听此解释后更为惊奇，连说我做不了孔子，但你却可做颜回。

西晋基本承汉制，继续设督邮以加强对地方官员的监察。名臣陶侃曾担任督邮。鄱阳孝廉范逵拜访陶侃时，陶侃家里很穷无以待客，陶母剪发以换酒食，陶侃与范逵饮酒极欢。这就是有名的“陶贤母剪发待客”的故事。

头发之所以能换钱，是因为当时戴假发者较多。西晋流行一种假髻式的“蔽髻”，普通妇女也有配戴假髻的，因而假发买卖较为流行。范逵离去时，陶侃又依依不舍追送一百多里。范逵向庐江太守张夔极力举荐陶侃，张夔即把陶侃召来任命为督邮。

东晋亦设督邮。督邮巡行到县时，县令要出城迎接。陶侃的曾孙陶渊明任彭泽县令时，有一次督邮巡行到彭泽县，陶渊明因不愿“为五斗米折腰”迎接督邮而挂冠辞职。清袁枚所著《随园随笔·督邮》中称，督邮官卑而权重，所以陶渊明才有对督邮折腰之说。

陶渊明辞职后写了《归去来辞》。陶渊明称，就任县令是为生计所迫，而辞职是宁可饿肚子也不愿违心逢迎上司混迹官场。辞中叙述了辞官的决心和心情：“归去来兮，田园将芜胡不归！既自以心为形役，奚惆怅而独悲？悟已往之不谏，知来者之可追。实迷途其未远，觉今是而昨非。”

晋时虽然设置督邮，但相较于汉代，督邮地位有所下降。以后朝代设置督邮渐少，南北朝时只有北齐在清都郡设督邮。隋时废止督邮。

典签监郡

——以寒监贵效果著

南北朝时期，朝代更替均为权臣篡权，各朝皇帝更为关注对包括地方官员在内大臣的监督，如何有效加强地方监察的问题更为突出。南朝时期，宋齐设置典签以加强对地方监察，是较有特色的地方监察制度。

曹魏时期，地方监察基本承汉制，设刺史。刺史既是地方州一级行政军事长官，也是地方最高监察长官。刺史对地方监察不只是属下郡县，也包括州境内的封国。

西晋设刺史，最初刺史有军事、行政与监察之权。太康元年（280 年），晋武帝司马炎免去刺史的军事与行政权，恢复刺史为监察官员。

“八王之乱”中为平乱，不得不让刺史重领军事与行政之权。此后至西晋亡，刺史一直掌领地方军事、行政与监察之权。

东晋州一级监察体制基本因袭西晋，而且刺史之间也有相互监察监督之责，但大都流于形式。王导任扬州刺史时派人监察二千石官员。士家子弟顾和建议他不必监察过严，号称“宁可网漏吞舟，不必察察为政”。王导竟然赞叹称善。

南朝宋后，重视加强对地方的监察。吸取东晋门阀士族权力过大导致大权旁落的教训，有意识地把地方军政大权交由皇子诸王，由其出任刺史。

宋齐在地方设典签，以发挥对地方官员的监察作用。典签本为处理文书的小吏。南朝宋中叶以后，多以幼小皇子出任方镇。君主用寒人出身的亲近左右担任典签，代替诸王批阅公事，包括照管诸王的饮食起居，职位虽低，但权力渐重。宋孝武帝和明帝时，为加强对地方军政的控制，即使是年长诸王或者非皇族到地方任职，也由君主指派典签监视。

典签权大，又称“签帅”。被安插在州郡行使监察地方权力时，便成了皇帝的耳目之官。“秩卑则其人激昂，权重则能行其志。”典签秩卑而权重，诸侯王一举一动都受到典签的监督，地方官吏向中央朝廷呈奏的公文必须典签副署。正因为其权重，诸州唯闻有签帅，不闻有刺史。

典签在处理军政事务的同时，要确保把诸王与刺史的言行及时上报皇帝，以确保皇帝对诸王及刺史的控制。典签对诸王、刺史的监察方式主要有两种：一是通过副署公文实施监察。诸王及刺史向朝廷呈奏公事，必须有典签副署，通过副署既监督向朝廷上奏的内容，也有效发挥了监督作用。二是返京面对陈事。即典签通过回京直接向皇帝奏报地方行为，回到地方后又“奉旨行事”，向诸王与刺史发号施令。

典签人数并不固定，有的州只设一人，也有设两人或三人。宋孝武帝时海陵王刘休茂出任雍州刺史，下设典签杨庆、戴双二人。齐武帝时巴东郡王萧子响任荆州刺史，下设典签吴脩之、王贤宗、魏景渊三人。

典签制度改变了自刺史转化为地方行政长官后，地方行政机构无专任监察官的状况，加强了对地方的监督与控制。典签没有明确的监察范围，监察范围更广。典签如果难以有效制止或上报诸王及刺史的不法行为，则被认为失职，会受到严重处罚。

典签责任重大，所以对典签的要求也极为严格，典签必须认真履行职责。典签最主要的职责是充当天子耳目，有效加强对地方刺史的监督。如果诸王、刺史有谋反、违制或贪赃枉法等行为，而典签未上报，就被视为失职，要受到严厉处罚。庐陵王萧子卿在赴南豫州刺史任时，以部伍作水军为戏，而典签没有上报。齐武帝得知此事后大怒，杀典签。

典签因受天子之命监察诸王刺史，随时向皇帝报告诸王刺史的主行，而且可限制其行动，所以干预地方政务和诸王刺史的日常生活的权力极大。典签的这种权力在南齐时达到极盛，典签可以根据朝廷旨意随时处死诸王刺史，地方官员的升降去留往往取决于典签之口。齐明帝诛杀异己时，诸王都是被典签所杀，竟无一人敢反抗。

南海王萧子罕戍琅琊，想到东堂游玩，典签姜秀不许。子罕向其母哭诉，称欲移五步亦不得，与囚何异！

由于典签权重，与诸王刺史的矛盾极深。但擅自杀死典签，要受到严厉惩处。诸王如果要起兵造反，则要第一时间杀死典签，以清除障碍。

南朝宋大明五年（461 年），海陵王刘休茂为雍州刺史出镇襄阳，与典签矛盾极深。刘休茂极为忿恨，杀典签杨庆与戴双，举兵造反。虽然也有典签依附诸王，但一般处于皇权衰落、诸王刺史强盛之时。

典签制是寒门庶族兴起的产物，是南朝统治者强化皇权、加强地方监察的重要措施。用典签监察诸王，权力集中于皇帝一人，但也导致缺乏对典签的监督，典签自身腐败无法控制。南朝齐永明八年（490 年），南兖州典签高达被检举揭发贪污腐败而被杀。第二年，这个州的新任典签也因贪污被杀。

南朝传承遣使出巡，加强地方监察，并逐渐

成为定制。遣使巡察与典签相结合，是南朝具有特色的地方监察措施。

梁武帝时，鉴于宋齐典签权势过重，虽然仍设典签，但典签权势较弱。然而过犹不及，梁时诸王不再受制于典签，成为有实权的藩镇，抗衡中央，导致政权不稳。

唐时，诸王府也设典签，不过典签仅掌文书等职。至宋时，废止典签。

司谒二台

——监察地方特色异

隋代吸取南北朝时地方监察不力的教训，在中央政府系统成立司隶台与谒者台，由中央派员至地方实施监察。同时，在地方另设地方监察系统。这样司隶台、谒者台与地方监察系统一起，共同承担对地方官员的监督监察。

司隶台与谒者台成立于隋炀帝初期。此前为加强地方监察，主要是中央临时派遣御史或委任其他官员到地方巡察，代表皇帝出巡地方。这种巡察一般具有较强的目的性，因事而设，时间不长，事毕即归，将巡察情况向皇帝汇报，皇帝据以作出对地方官员的奖惩。

中央派至地方的巡察官员代表中央，到地方

检查文卷、稽察钱粮、举荐贤才、抚慰救济与审理冤狱等。巡察地方不但是考察地方官政绩，更是宣扬国威。通过巡察以掌握地方治理状况、司法刑狱、社会风俗，以及了解地方官员优劣、发现人才等。虽然这种临时性巡察并非常设，但也能有效发挥监察地方官员的作用。

开皇十七年（597 年），治书侍御史柳彧持节巡察河北五十二州。柳彧工作认真负责，奏免不称职官员二百余人，州县肃然。隋文帝对柳彧极为欣赏，后又派柳彧持节巡省太原道十九州。后柳彧因事得罪杨素被陷害，隋文帝将柳彧免官流放，但不久又诏其回朝。柳彧尚未至京，隋文帝亡，隋炀帝即位。杨素又借事诬陷柳彧，柳彧又被发配敦煌。杨素死后，柳彧才被赦回朝，但死于回京途中。

大业二年（606 年），隋炀帝设立司隶台，标志着由中央为主监察地方的地方监察制度正式形成。

司隶台主管全国地方监察事务。司隶台仿汉朝刺史制度而设，司隶台之“司隶”二字来源于司隶校尉。司隶台掌巡察，不受御史台统属，主管地方官员的监察与考绩，以司隶大夫为台主，以别驾和刺史分巡畿内畿外。

司隶台以司隶大夫一人为长官，正四品，掌巡察。别驾二人为副职，从五品，一人负责东都洛阳，一人负责京师。刺史十四人，正六品，巡察除两都外的全国各地。另置诸郡从事四十人，作为刺史巡察的副手。台内有司隶丞、主簿、从事各一人，负责处理日常事务。

司隶台监察以专官与特遣相结合。刺史各主一部，定期出巡，在地方上没有治所，按时回去汇报。刺史定期巡察地方，每年二月开始巡察郡县，十月返回京师向相关部门或直接向皇帝汇报。

司隶台巡察方面类似汉刺史，但与汉代刺史不同的是其主官常驻中央，主要由刺史巡察地方而且不是常驻。司隶刺史巡察京外地方，要求各级官员恪勤理政，督察豪强侵害百姓的行为，视察和发现灾害，追捕盗贼，向中央举荐人才，等等。

司隶台对地方监察效果较为显著。邯郸县令岑之象被人所讼冤死，但冤不得申。其子岑文本仅十四岁，至司隶台为父鸣冤。司隶台经审查后，予以平冤昭雪。

除司隶台外，又设谒者台。谒者台的主要职责是出使与抚慰，并在此过程中了解民风政情与纠正冤假错案，对地方的监察具有临时性和不定期。

司隶台定期到地方巡察，而谒者台则时间不定，而且其职责范围较多，负责受诏劳问、出使慰抚、持节察授、受理冤狱等，在此过程中实施对地方监察之责。

谒者台置谒者大夫一人为长官，官阶从四品，后改为正四品。司朝谒者二人为副职，从五品。谒者台机构较为庞大，人员达近二百人。属官有丞、主簿、录事、通事谒者、散骑郎等人，后来这些官职均撤，以员外郎取代。出使时根据事情大小和官品高低派遣，代表皇帝出使监察。谒者台是秦汉时以降临时性的遣使巡察制度化，并成为唐代巡察使的前身。

除了成立司隶台与谒者台加强地方监察外，同时在地方设地方监察系统承担对地方官员的监察职能。地方监察系统包括都督刺史系统与录事参军系统。

隋前期，都督和刺史作为地方行政最高长官，同时也是监察官，其职掌为考核官吏、宣布德化等，每年一次巡察所管州县观民风俗，了解百姓之疾苦；宣扬德政，把纠劾与举荐、肃贪与倡廉综合运用。录事参军主管州县监察，通过了解地方官政绩，以加强对地方官员的监察。

与汉代部刺史只纠察二千石以上官员及地方豪强相比，隋代监察范围扩大。隋代地方监察重点有所变化，把考察地方官的行政办事能力和廉洁爱民放在首位，并将所有有品秩的地方官员置于监察范围之内。刺史权力更大，监察范围更广。在监察地方官员时，注重地方官能否有效地镇压盗贼、是否如实申报灾荒以及能否及时征缴赋税等，扩大了监察范围。

隋后期为进一步加强地方监察，采取定期监察与不定期监察相结合、常规监察与临时性监察相结合的方式。大业三年（607 年）改州为郡，郡下辖县，地方行政实施郡县二级制。郡县制的实施有效精简地方机构，有利于提高行政效率。

地方改州为郡后，郡首长品级较州首长分别下降一级，地方权力削弱，有利于中央对地方加强监察。郡守下置通守以牵制太守，同时设置郡丞掌财政审计之权，以制约郡守与通守。

隋末撤司隶台。隋末御史大夫裴蕴与内史侍郎虞世基勾结，借司隶大夫薛道衡被诛之机，虞世基奏罢司隶台，只保留司隶官职虚名，郡县监察权划归御史台，对地方的监察临时派员负责。司隶台被撤销后，地方监察大大削弱。隋不久即灭亡。

黜陟大使

——黜陟官员察地方

黜陟使在唐代前期地方监察中发挥着重要的作用。唐初，鉴于尚未形成完善的地方监察制度，贞观八年（634 年），唐太宗派李靖等十三人为黜陟大使巡察各地，分赴各道巡视，行黜（贬斥、废除）、陟（晋升）之权。

此后，由朝廷不定期派出黜陟使成为朝廷定规。派出的黜陟使均为朝廷重臣而非御史台官员，显示朝廷对地方监察的重视。黜陟使的主要职责是监察地方政治，并检查是否存在冤狱。

唐初黜陟使均由重臣担任，以发挥有效其监察地方的作用。狄仁杰初入官场被诬告下狱，幸遇黜陟使工部尚书阎立本。阎立本不但救其出狱，而且提拔其担任并州法曹参军。

贞观初年，为加强地方监察，将天下分为十道，十道即成为十大监察区。设十道之初并未专设官员巡察，只是派御史或其他官员担任黜陟使，不定期分道巡视各地州县。道虽是监察区，但并不是地方一级监察机构，巡察官员也无固定治所。

除黜陟使外，御史台亦派出监察御史巡察地方。唐太宗时期，侍御史马周强调州县的重要性，将巡按州县作为御史台的一项主要职责。

巡按郡县与监察地方官吏，是察院及监察御史的主要任务。监察御史直接由皇帝委派，权力很大，出使半年左右。监察御史出使巡按州县，主要是处理地方上的重大民事案件、刑事案件以及地方官违法案件。

从唐初至唐德宗时期，黜陟使的职责基本没有太大的变化，主要是监察地方官吏政绩以及到各州县巡察、存抚。黜陟使后称巡察使、采访处置使，虽然名称改变但其职责和作用都很类似，均是为了对地方官吏进行行政监察、巡察州县情况而设置。其重要职责之一是通过对官吏的考察，将其吏治情况上奏，以便对其进行升迁或贬黜。

狄仁杰担任宁州刺史时，右台监察御史郭翰巡察陇右，所到之处众多官员贪污受贿，唯独狄仁杰洁身自好、廉洁奉公。郭翰将狄仁杰推荐到中央，狄仁杰被任命为冬官侍郎。

十道巡按与监察御史巡按州县不同，十道巡按是一种定期性的地方巡回监察制度，监察御史出按州县主要是带有特殊使命，具有特使性质。监察御史出行是监察系统内部人员出任，而十道巡按官员并非仅有监察官员担任，御史台内或者中央政府其他机构的五品以上官员均可担任。

对州县巡察是划片监察，为保证监察效果，以制度性巡察与不定期巡察相结合，监察范围较广，主要以经济监察为主，一般是三月出都巡察，十一月回都复命。

唐玄宗时期五原县有冤狱久延不决，监察御史颜真卿巡察至五原，马上为其平反，当时正值大旱，平反冤狱后即雨，百姓称之为“御史雨”。御史巡按州县时，贞观初年为防止州县浪费，禁止御史食肉，而监察御史马周巡行州县食必进鸡，唐太宗又重申御史出使不得食肉。

李皋为唐太宗五世孙，任御史巡察行县时，见一老太太道旁而泣，便哀而问之。老太太说她有二子李钧、李锷，做官二十年不归，贫困无以自给。当时李钧担任殿中侍御史，李锷担任京兆府法曹。李皋于是弹劾老太太二子，李钧、李锷匀被免职，且为世人所不齿。

唐玄宗时鉴于十道过少，将原来十道增设为十五道。每道设采访使或采访处置使一人；设置固定治所，具有行使监察权的印信，常驻地方，正式成为地方上的一级监察机构。地方监察机构与中央监察机构一起，共同推动全国范围内的地方监察与监督。监察御史与地方专使相互衔接又密切配合，构成了完整的地方监察体系，有效加强了对地方监察。

开元二十一年（733 年），颁布《遣使黜陟诸道敕》，规定黜陟使监察官吏的标准。黜陟使到地方州县对官吏进行考察后，只要是刺史以下级别的官吏有不良情况，可立即停止其行使职权并将其不良情况上报，而对守职公清为政优异的予以表彰宣传。

除中央派员巡察外，地方系统又设监察官员加强对地方官员监察。地方监察官员主要包括都督刺史、录事参军、主簿和采访使等。地方监察工作并非仅靠监察御史与各道巡察使承担，日常监察必须由地方承担监察职责的官吏来完成。

都督和刺史是唐代前期地方行政的最高长官，同时也是地方监察官。都督、刺史职察州县，每年一次视察所管州县，询问百姓甘苦，纠弹不法官吏。地方州县具体操作监察业务的主要是录事参军与主簿，尤其是录事参军一职。

录事参军与主簿作为都督与刺史的僚佐，具体执行操作监察事宜。录事参军在地方不仅有权选补官吏，还有权直接监察地方长官刺史的行为，同时还负责监察中央公文在地方的实施。

朝集使制度是加强地方监察的重要制度之一。朝集使由都督、刺史等担任，按规定到年底入朝报告。朝集使每年十月进京，十一月到尚书省汇报地方官员的功过行能，由吏部核实之后，将朝集使集于一堂对考第结果进行评判。一年一度的朝集不仅是中央考察地方官员的机会，也是中央了解地方经济社会状况的机会，同时朝集制度还是为中央决策提供信息的重要渠道。

安史之乱后，地方监察制度受到严重破坏。御史巡按州县已徒有其名，难以发挥早先的效果。藩镇专制一方，地方监察权被剥夺。地方节度使、观察使多兼有御史台长官的头衔，节度使多兼御史大夫、御史中丞之号，乃至其幕府参佐僚属也兼御史之职。唐末为加强财政集权，尚书省户部、盐铁、度支三司官出使地方，也承担部分监察地方官员的职能。

四大监司

——多头监察显苦心

宋代对如何加强地方监察费尽苦心。宋代一改隋唐主要由中央派员监察与地方设置监察官员的做法，主要实施由地方官员兼职监察官员以及设专门监察官员相结合的地方监察做法。

宋代地方为路、州、县三级。路作为行政区兼管监察工作，有固定辖区。初设十五路，后增至二十余路。每路设置经略安抚使司，长官为安抚使，职掌一路兵民诸事，但主要以军政为主。另设转运使司，长官为转运使，掌一路或数路财赋，兼理边防、治安、钱粮、监察等项事务。另设提点刑狱司，长官为提点刑狱公事，职掌司法。设提举常平司，长官为提举常平使，职掌赈灾或盐铁专卖。

范仲淹任参知政事时考察地方转运使，对不称职者不予录用。参知政事富弼认为不妥，称如果不再录用则一家哭也。而范仲淹说，一家哭何如一路哭？坚持把不称职者名字勾掉，不予录用。

安抚使、转运使、提点刑狱公事、提举常平使受中央政府委派，监督指挥地方军、政、刑、财，统称“监司”。监司之间互不统率，互相监督，职权范围严格划分，都直接对皇帝负责，以有效限制其权力。

南宋时转运使又称“漕司”，提点刑狱公事又称“宪司”，提举常平使又称“仓司”，安抚使又称“帅司”。

提点刑狱司初设于宋太宗时，隶属于转运使司，置提点官一至二人，主管路一级司法监察。宋真宗时脱离转运使司自成一系，主管称提点刑狱公事，皇帝派出的文臣为正职，武将为副职。《大宋提刑官》主人公宋慈，即担任提点刑狱公事。宋慈所著《洗冤录》，被称为世界法医学著作鼻祖。

监司远较汉刺史制度严密。监司在监察对象上不限官品和职位，在监察内容上不仅对贪赃枉法者予以弹劾，还要考察官吏的治行、才能与年龄等情况，远远超过西汉部刺史的监察范围。

监司上报弹劾官员的材料要经过御史台核实，然后由皇帝决定处理办法。御史台又具体承担对监司考察不公或失察的情况，并予以弹劾。这样，监司完全置于皇权的控制之下。

监司有繁复的出巡制度规定，监司行动在朝廷约束以下。政府规定监司官在一年或二年内，必须将所辖地区巡察一遍。对监司出巡时所带随从人员有明确规定，宋孝宗时规定只可带吏人二名，客司书表一名，当值兵级十五名。

监司出巡中酒食供应等生活待遇亦有明确规定，对于违反出巡制度的要予以处罚。对于监司官不遵守出巡制度以及诸监司互相纵容包庇的情况，要求监司间互相监察，如庇匿不报则论罪。

为防止监司借出巡之机在地方上骚扰百姓，出巡制度对监司所带仆役、巡察州县时间和生活待遇等作了明确规定。监司巡按时每到一个州、县，停留时间不得超过三天。

为防止监司及随行人员贪取钱财，明确规定，如有白状借请州县钱者以盗论罪。州府在组织上既为转运使所统属，又直属朝廷可直接奏事，州府长官也可监察转运使等监司官员。

李素担任京西转运使时，一次接到上司命令，令监察知县、县尉和巡检。李素于是召三人饮酒，对三人讲，收到上司命令要查你们三人的过失，虽然知道诸君无事，但唯恐又派其他人来，所以请三位小心谨慎。结果三人相顾而笑，每人取出一道命令，都是命令各位查其他县内官员的，结果大家俱笑而散。后朝廷知道此事，下诏予以申诫，但也称互察过多容易导致怨恨。

时人对监司制度也有批评。在皇帝对官员防范心极强的背景下，对监司不责其大而禁其细，所谓朝廷防监司之不暇，监司亦难以施展权力。监司弛惰，人反以为宽大，上司亦以为知体。而如果监司行使职权，人反以为侵权，上司亦以为生事。而且地方监察无专门机构与专职人员，监察权分散，必然导致相互推诿进而削弱对地方官员的监察。

为加强对州县官吏的监督，又设置走马承受公事。走马承受公事简称“走马承受”，虽然不属于地方监察系统，但拥有与监司同样的监察职权。设这一官职的目的是为监督、制约转运使，隶属于安抚使司，但不是安抚使的直接下属，大多是由皇帝派自己亲信侍从担任此职，以充当皇帝耳目。

走马承受独立行使职权，监察范围很大，既监行政又察兵政，遇要事可直接向皇帝报告。但设走马承受之职效果较为有限，部分贪嗜贿赂、计较馈送、懦怯畏避。为此宋徽宗特地下诏，要求走马承受要以清白自励，毋蹈前人之失。

为加强对知州等地方官吏的监督，又在每州增设一至两名与知州同掌州务的官员，称为通判州军事，简称通判。通判不是知州副职，亦非知州属官，拥有与知州共同处理本州行政、民政、军事、财政、户口、赋役、司法等方面事务的权力。各州的公文须经知州与通判共同签署方能生效。通判有权监督知州及其所属官员，知州不法，通判可以直接向皇帝奏报。

大郡置通判二人，其他州置一人，州不及万户不置通判，但如果武臣知州的小郡亦特置通判，以加强对武臣的监督。通判与知州分掌行政，又专掌监察，故有监州之称。南宋时通判为知州的副手，但仍有监察州县之权。

行御史台

——多重监察织密网

元代疆域宽广，为有效加强地方监察，在地方设二行御史台作为中央御史台的派出机构。全国划分为二十二道监察区，每道设立肃政廉访司。行御史台与肃政廉访司，一起构建成了地方多重监察机制。

至元十四年（1277 年），设江南诸道行御史台。最初设于扬州，后移至南京。江南诸道行御史台主要监察东南诸省，统制十道宪司，向御史台负责。后由于农民起义，各类文书难以顺利送达湖南等地，又设福建分台，使湖南等地各道文书由分台以达内台。

至元十三年（1276 年），在云南设行中书省。至元二十七年（1290年），废除云南行省，改云南道提刑按察司为云南诸路行御史台。后把云南行御史台移至陕西西安，为陕西诸道行御史台。

为加强对河西地区管理，在甘肃永昌设立河西行御史台，取代原设于新疆吐鲁番地区的提刑按察司。后以河西陇北道提刑按察司取代，撤河西行御史台。

行御史台作为御史台的派出和分设监察机构，对加强地方监察具有重要作用。全国二十二道肃政廉访司分属御史台和江南、陕西二行御史台，江南、陕西二行御史台又受制于中央御史台。这样形成一个以御史台为中心、行御史台为重点、各道肃政廉访司为经纬的全国地方监察网，使地方官员都处于有效的监察范围之内。

行御史台各置御史大夫一员，御史中丞二员，侍御史二员，治书侍御史二员，不设殿中司。行御史台主要职能为监督监察弹劾行中书省、宣慰司等以下相关的官员违法事件等。

行御史台与行中书省都为中央驻地方机构，

行中书省与行御史台是平行而非隶属关系。行中书省、行枢密院、行御史台是代表中央分治地方的军事、行政、监察三大机关。

地方另设宣抚司，是介于行省与路之间，设在边疆少数民族地区的执掌军民政务的行政机关。宣抚司由提刑按察司予以监察。

行御史台作为中央御史台的派出机构，发挥着沟通中央与地方监察网络的作用。设行御史台主要是镇抚地方，设于江南与陕西二地以加强对当地的控制，并对边境官员进行有效的监督。

至元二十年（1283 年），曾有官员提出将江南诸道行御史台改隶行省，企图控制地方监察。吏部尚书董文用坚持不可将行御史台改隶行省，称御史台好比卧虎，虎虽未吃人但人犹畏虎，而一旦行御史台隶属行省，则难以发挥作用。

至元二十二年（1285 年），在中书省右丞卢世荣的奏请下，撤销江南诸道行御史台。但在御史台官员的强烈要求下，一个月后又重新恢复江南诸道行御史台。

在地方设立行御史台前，于至元六年（1269

年）设四道提刑按察司，为设置地方监察机构之始。后以提刑按察司兼负责劝课农桑之事，以后逐步分置其他诸道，最后设共二十二道。

至元二十八年（1291年），鉴于按察司不能长驻地方进行有效监督，改按察司为肃政廉访司，由廉访司官员提调各路监临地方。各道肃政廉访司不隶属于行省，只隶属于御史台或行御史台，监督行省以下的路、府、州、县，通过垂直管理，确保对地方官员的有效监察。

每道肃政廉访司除设廉访使外，设副使二员正四品，佥事四员正五品。肃政廉访司纠察百官，监督纠劾各道所属地方官吏，掌管监察司法活动，监督科举。

肃政廉访司官员除廉访使二人留守外，其他副使二员、佥事四员都要出巡，以定期出巡的方式监察一道郡县，包括民事、钱谷、官吏奸弊等。

通过设立行御史台以及二十二道肃政廉访司，元代地方形成非常严密的监察体系。中央御史台监察中书省、枢密院及邻近行省，行御史台监察其他行省，二十二道肃政廉访司监察行省下属路、府、州、县，形成从中央到地方完整、严密、庞大的地方监察网络。

地方监察以按察司官巡行部县为基本方式。肃政廉访使取代按察司后，明确以定期出巡的方式监察一道郡县官吏，廉访司官岁以五月分按所属，次年正月还司。元末对出巡时间有所调整，每年以八月终出巡，次年四月中还司。在出巡的过程中，相应官员要回避原籍。巡按地方以纠弹官邪为重点，根据犯罪官员的品秩，或由廉访司处理，或由行御史台处治，或由皇帝裁夺。

从制度设计而言，元代地方监察机构空前严密，尤其是中央御史台在地方设二行御史台，以担负加强地方监察的职责。由中央御史台直接在地方设行御史台，也为其他朝代所无。这与元代疆域过大有关。

行御史台与地方肃政廉访司共同作用，制度设计想得很好，但由于元代民族压迫严重，官员腐败，而且屡有官员抵制监察机构，实际上无论是行御史台还是肃政廉访司，发挥的作用均较为有限。尤其是元末社会矛盾严重，农民起义纷起，无论是中央监察机构还是地方监察机构，均形同虚设，难以发挥应有的作用。

御史巡按

——代天巡狩效果彰

明代以巡按御史监察地方，监察御史代天子巡狩，即“代天巡狩，如朕亲临”，有事直接上奏皇帝，只对皇帝负责。

御史巡按制度作为有明一代加强对地方监察的重要途径，诸小说及戏曲中不乏巡按御史惩治贪官、伸张正义的故事，如《玉堂春》等作品。所谓八府巡按只是小说家言，巡按御史一般巡察数府不等，但极少有巡按八府御史。

最初派御史巡按地方是在洪武十年（1377年），永乐初年成为定制，以后沿袭不变。派遣巡按御史一般是北直隶二人、南直隶三人、宣大一人、辽东一人、甘肃一人、十三省各一人。

出巡某道的监察御史也称“巡按”。巡按即代天子巡视四方，大事奏裁小事立断。巡按名目繁多，几乎无所不管、无所不察。巡按官不过正七品，与外任地方知县同级，但权力极重，以卑临尊、以小制大、以内制外，极有效地钳制了地方官员。

皇帝掌握对巡按的任命权。委派监察御史赴地方巡按，称为“点差”。都察院提出御史两名作为备选，由皇帝钦点一名。巡按回京之日不须经由都察院，径赴御前复奏。

御史出巡实行差官定期更代制度，规定巡按一年一换或三年一代，凡巡按地方期限期满后更换御史，以防监察御史长期专擅一方。巡按出差分为大差、中差、小差三等。一般是先委任小差、中差，经过历练后，再委以大差。万历末年，陈王庭初任御史即被差往巡按辽东，而辽东为中差，因此都察院受到非议，被斥为不为地方考虑。

巡按一般是南方人巡按南方，北方人巡按北方。主要是考虑到风土人情以及语言等方面因素，由当地人进行巡视更易发挥作用。南北方语言不同、风俗习惯也不同，北方籍御史到南方或者南方籍御史到北方，难以有效开展巡察工作。

巡按与地方长官地位平等，但巡按所至之处，府州县地方长官要出廓远迎，谒见时要行跪拜大礼，威福超过地方长官。嘉靖期间规定，监察御史巡按之处不许出廓迎接，地方官相见左右对拜分座，不许伺候作揖，巡按不许折挫凌辱守令，知府相见不许行跪礼。自此，巡按的威重稍减。

巡按所到之处，不得向地方官员问及当地有何特产，不得宴请亲朋好友。同事之间要如兄弟般相亲相爱、积诚相与，如意见不统一，不得当外人争辩，以免让对方难堪，要在没有第三人在场时才能与对方讲明利害得失，否则酌情处罚。

巡按完成任务返回都察院，称为“回道”。巡按回道后要向都察院汇报办事情的经过，造册上报都察院，接受考核。都察院堂官令河南道发单到巡按之道，对巡按上报事项细加咨访看其是否称职。如举劾允当且果无赃私犯过、推诿避实等事项，才允许回道管事。若有不职实迹，则不许回道，并奏请罢黜。

初期规定，监察御史出巡监察考核的范围是省级以下所有官员。后明英宗期间规定，布政使司、提刑按察使司也受巡按举劾。明代基本没有藩镇之患，与地方监察制度作用的发挥密不可分。

明代设十三省，每省设提刑按察使司，职掌司法与检查。提刑按察使司设按察使一人，正三品，掌一省刑名按劾之事。副使正四品，佥事正五品。后置四十一道按察分司，副使、佥使分道巡察。

地方又设总督与巡抚。总督与巡抚最初以监察为主，后逐步从单纯的监察大臣发展成为总领节制三司的地方大员，但仍属于都察院系统。总督地位高于巡抚，但总督对巡抚并无直接指挥之权。无事则总督不得侵巡抚之权，有事则巡抚不得抗总督之命。

总督最初是因军事所设。总督之名自正统四年（1439 年）王骥征麓川始。巡抚一般是在行使监察权的同时兼管行政，所辖范围不过一省或限定省内某些地方。总督除兼管民政，还兼管军事，所辖的地区往往超过一省。

巡按最初巡行骑驴，不能骑马，且按品级拜见知府。明宣宗时巡按获得骑马之权，因为巡按是朝廷钦差耳目所寄，出行不宜过简。正统、景泰年间取得对布政使、按察使的劾举大权后，巡按权力进一步上升。

自弘治六年（1493 年）后，按察司官的前程基本操纵在巡按手中。按察司官听监察御史举劾，巡按逐步取代按察司的监察职能。尤其是明代后期，巡按秉权过重、行事太过，地方官地位下降，事皆禀命于巡按，以致按临之地百事俱废，地方多方逢迎。

于是有巡按御史贪赃枉法。御史陈志先按察江西途中丢失四件行李，为地方官查获，发现其中皆为金宝，还有受贿簿记载，受贿不下数万。巡按御史黄廷聘过衡山县，知县陈安志不满他无礼，一怒之下打开其行箧，暴露金银诸物甚多，后黄廷聘被免职。万历时期都御史李采菲贪污赃银，沈汝梁巡视下江赃贿数万，祝大舟巡按江西也票取多赃，巡察云南御史苏酂也贪肆赃盈巨万。马士英崇祯时期曾担任过都察院右佥都御史，巡抚宣府时刚到任一月，就檄取公帑数千金。

巡按存废

——自废武功监察弛

清代入关之初即通过派出巡按御史巡视地方，对安抚百姓、惩治贪腐、巩固统治发挥了重要的作用。巡按御史人选一般清正刚直，而且大部分作为明代旧臣，受投身新朝之煎熬，通过巡按惩治腐败、为民请命等举措，也可稍减内心痛楚。

巡按大都能秉公执法，发挥了良好的作用，如苏松巡按李森先、秦世祯等人。苏松巡按李森先有海瑞之风，被称为“真御史”。秦世祯巡按江南弹劾江宁巡抚土国宝，土国宝被申饬后畏罪自尽。

但当巡按侵犯到地方官员的权力，尤其是影

响到满族官员的权力时，满族官员欲取消巡按而后快。巡按中也存在害群之马，如江南巡按顾仁贪赃枉法被判处死刑，也为满族官员提出取消巡按提供了口实。

顺治十七年（1660年），都察院以云南用兵粮饷不足为由请停巡按御史。对此次停止巡按的请示，顺治帝令大臣议奏是否要废止巡按，以及废止巡按后如何加强对地方官员监督。

以和硕安亲王岳乐为代表的官员强烈要求废除巡按，称巡按效果有限，建议停止巡按，待二三年后再差官巡视各省，如督抚有贪赃不法者即指实纠参。以吏部侍郎石申等为代表的官员则力主保留巡按制度，称巡按如停差，督抚无人纠劾监督。

满族官员强迫汉族官员签字同意废除巡按，向顺治帝提交了废止巡按的复议。但监察御史陆光旭向顺治帝揭发汉族官员被强迫同意签字的问题，称并不能因为有个别害群之马而取消巡按，正如督抚中亦有不守法者而不能取消督抚一样。

经过数月讨论，顺治帝坚持要继续派遣巡

按，称巡按职掌察吏安民、厘奸剔弊，关系甚巨，如停止巡按，贪官蠹役无所忌惮，对地方实为不利。决定照常派遣巡按，并令制定巡按御史考核办法。

顺治十八年初（1661 年）顺治帝病故。当年五月，兵部尚书管左都御史事满臣阿思哈请停遣巡按御史，各省巡按御史速行来京。至此，巡按御史制度正式废除，但仍存在督抚巡历地方以监察地方官员之举。

康熙四年（1665 年），都察院左都御史郝惟讷疏请停止督抚巡历所属地方。下令，如事关重大须躬亲料理者，令督抚具题前往，其余巡历概行停止。巡按御史撤销后保留的督抚巡视至此也停止。

此后屡有申请恢复巡按之举。康熙十七年（1678 年），工部右侍郎田六善疏称恢复巡按，两年后监察御史徐廷玺再次奏请派遣巡按。经明珠等人讨论回复，恢复巡按行之未便。终康熙一朝亦未恢复巡按之设。

雍正帝即位以后感于地方监察薄弱，在如何

加强地方监察上颇费心机。一方面派出御史巡察重要地方，同时任命心腹担任督抚。另一方面在内阁学士查嗣庭的建议下，扩大推行密折制。查嗣庭认为，欲令督抚有所顾虑，不如令藩司也用密折奏事，则藩司与督抚虽无相制之形实有相制之势，既不必新设官职又可监督督抚。

雍正六年（1728 年），布政使、按察使普遍获得密奏权，以行使对督抚监督之效。密折不经督抚而直达御前，督抚既知顾虑即可发挥监督之效，地方公私事件督抚也不敢隐瞒。

雍正帝也通过派出巡察御史以加强地方监察。为与顺治时巡按御史有所区别，派出的御史称为巡察御史而非巡按御史，明确规定巡察御史专司稽察盗贼并巡查驿烟烟墩等事项。因为其所派巡察御史与巡按御史职责不同，也顾忌到巡察御史与地方督抚可能形成的相互勾结之事，雍正帝又逐步将派出的巡察御史撤回。

乾隆初期有官员建议恢复巡按。江西巡抚俞兆岳密奏称，巡按之废实因私废公，其原因在于督抚唯恐为巡按操其短长据实纠弹，世家巨族又恐巡按访拿家人子弟。但俞兆岳恢复巡按的建议未被采纳。

随着督抚权重，清中期亦有人提出恢复巡察制度。道光十二年（1832年），监察御史冯赞勋提出，只有恢复御史巡察制度才可缓解地方危机。经议，称各省督抚悉由皇上所派，较巡察官员受恩更重，自当竭忠图报不负委任，且乾隆、嘉庆年间有责成籍隶本省之科道访闻，明确指名纠参之旨，称国家法制已极周备，故设巡按御史所请应毋庸议。此后，未再有复设巡按的建议。

为加强地方监察力量，清代设总督、巡抚，均兼都察院职衔，同时通过按察使、道员等以加强地方监察。

至乾隆时期，督抚成为数省或一省的最高行政长官。总督与巡抚作为地方军政长官，负有地方监察之职，总督兼右都御史，巡抚兼右副都御史。

提刑按察使司是省负责监察诸官的监察机关。设按察使一人，正三品。按察使称臬司或臬台，职掌一省刑名校勘之事。清末官制改革时，将司法行政与审判分离，裁撤各省提刑按察使，改置提法司。

省与府之间设道。道员承担监察职能，考察官吏。道员又称“监司”，正四品。道员为布政使、按察使两司的派遣官，不属于地方行政区域官。

纵观清代巡按存废各有其历史背景，是各种力量相互斗争的结果。清中期后制度趋于僵化，皇帝既无决心也无魄力恢复巡按之设，而在当时督抚权重已是既成事实的情况下，恢复巡按制度既面临极大的阻碍，也难以有效发挥作用。但在督抚缺乏有效监督的背景下，外重内轻，督抚尾大不掉之势愈加严重。尤其是太平天国后督抚更是权重，这也是导致清亡的重要原因之一。

巡按御史并非都像李森先一样铁面无私。李森先前有秦世桢巡按江南，极有益于地方，在苏州试行鱼鳞册、易知单和滚单三法后通行诸府州。继之者为李成纪，李成纪安静无为，唯每日饮酒，人称之为“糟团”。有改崔护诗于墙：“去年今日此门中，铁面糟团两不同。铁面不知何处去，糟团日日醉春风。”

中篇 / 监察官员

朱云折槛

——千载少似朱云人

汉成帝时，有一天皇宫内有御史要拉一个人出去斩首。这人死命抓住栏杆不放，结果栏杆竟然折断。

这个要被拉出去处死的人就是朱云。因为朱云拉断了栏杆，所以就有了“朱云折槛”一词。槛，即栏杆之意。杜甫有诗“千载少似朱云人”，更是使朱云折槛之事更加著名，朱云折槛也成为官员冒死进谏的典型。

秦时虽然设置进谏机构与谏议官员，但秦始皇并不接受进谏。汉代吸取秦时教训，废除秦“诽谤者族”及惩治“妖言”的法令，进一步强化言谏机构，鼓励谏官谏正朝政得失，出现了一些敢于直谏的官员。

西汉初期言谏官员包括太中大夫、中大夫，为加官，无定员。汉武帝于元狩五年（公元前118年）设谏大夫。谏大夫一般由道德高尚的宿儒担任，也为加官，无定员。

东汉时将谏大夫更名为谏议大夫，定额三十名，属于光禄勋，仍为加官。给事中也为加官，加给事中的官员即可出入宫廷。谏官职责主要是对皇帝提出的问题或作出的决策，进行讨论或匡正谬误。

汉代皇帝普遍较为虚心纳谏。汉文帝时贾谊任太中大夫，多次上疏对政事提出建议。李商隐有诗写贾谊被皇帝召对："可怜夜半虚前席，不问苍生问鬼神。"

汉武帝时任谏议大夫者多为一时名贤。这一时期专职谏官增多，员额与品秩有了明确规定，职责范围也逐步明晰。也有官员借诙讽之道行劝谏之实。汉武帝时东方朔为太中大夫给事中，经常讽谏汉武帝。

汉成帝时丞相等人因进谏冒犯太后而被免除

官职，谏大夫鲍宣上奏谏诤。汉成帝纳谏，不但恢复丞相等人的官职，而且提拔鲍宣为司隶校尉。但汉成帝准备立赵飞燕为皇后时，刘辅进谏反对，结果汉成帝将刘辅下狱，最终立赵飞燕为皇后。

汉代并未设立专职谏官制度，谏大夫等谏官行使着谏议职权，但并非专职而且没有独立官署。进谏皇帝者也不限于谏官，其他官员甚至未任官职者也可进谏。朱云进谏汉成帝时即无官职。

朱云年轻的时候行侠仗义，到四十岁时才开始学《易》和《论语》，倜傥有大节，为世所重。汉元帝时有华阴守丞上疏，称朱云兼资文武，忠正有智略，推荐朱云以六百石秩担任代理御史大夫。皇帝下诏让臣下商议。太子少傅匡衡反对，称大臣为国家股肱，华阴守丞推荐朱云为御史大夫，怀疑其有奸心，此风决不可长。华阴守丞因此被判罪。

此后朱云担任博士。汉武帝独尊儒术，按《诗》《书》《礼》《易》《春秋》分置。博士除在太学教授弟子外，遇国有疑事则掌承问对，享有较高的待遇和社会地位，选任非常严格。博士品级为比六百石，但声望很高。

朱云任博士不久，担任槐里县令。当时中书令石显当权，朱云数次上疏弹劾石显，结果被罢职。汉成帝时安昌侯张禹任丞相，因其担任过汉成帝的老师，所以皇帝对其特别尊重。朱云上书面见皇帝，称愿皇帝赐剑以斩佞臣。汉成帝问佞臣是谁，回答是安昌侯张禹。

汉成帝大怒，称朱云居下讪上廷辱师傅，罪死不赦。御史把朱云拉下宫殿，但朱云用力拉住宫殿的栏杆，结果栏杆被拉断。朱云称，得从龙逄、比干游于地下足矣，但不知将来汉王朝会如何。

这时左将军辛庆忌免冠解去印绶，叩头流血，为朱云求情。称朱云一向狂直，如果他说的话对，自然不应斩首，如果不对也应当宽容。汉成帝才逐渐消去怒气，赦免朱云。

被朱云拉断的栏杆本来要换掉，但汉成帝指示，不要换栏杆，就这样修好，以表彰直臣。

以后朱云居家教书，七十余岁终于家。“朱云折槛”的故事非常有名，此后“折槛”就成为朝臣敢谏的典故，杜甫专写诗《折槛行》以咏此事。《折槛行》全诗为：“呜呼房魏不复见，秦王学士时难羡。青衿胄子困泥涂，白马将军若雷电。千载少似朱云人，至今折槛空嶙峋。娄公不语宋公语，尚忆先皇容直臣。”朱云折槛也激励着后代官员们不惜身家性命进谏皇帝。

虽然汉代言谏制度仍处于发展初期，但其实践为此后言谏系统的发展成熟奠定了基础。

汉代已出现封驳之事，但尚未成为制度，也不是监察官员的专职。汉哀帝封董贤为丞相，王嘉封还诏书。汉明帝时，钟离意担任尚书仆射时，也数度封还诏书。

汉代皇帝相对宽容，能允许类似朱云这样的进谏者进谏，并有意保留折槛以作为对直臣的表彰。朱云在一定意义上也成为中国古代言谏制度的代言人，但朱云本人并非言谏官员。朱云不是言谏官员而进谏，也说明当时言谏制度尚不够完备。

与朱云类似的是明代杨继盛。杨继盛从未担任过监察官员，却以弹劾权相严嵩而名垂青史，其故居松筠庵成为清代监察官员的精神寄托。

张纲埋轮

——铁骨铮铮千古传

汉代铁骨铮铮的监察官员屡有出现，张纲为其中代表。张纲受命出巡时埋车轮返回朝廷，弹劾大将军梁冀。张纲为张良后代，少明经学，虽为世家之子而厉布衣之节。举孝廉不就，后辟高第任命为侍御史。

汉顺帝由宦官扶持当上皇帝，外戚与宦官权限很大。张纲深以为忧，向汉顺帝上书，希望皇上“割损左右”以顺天下人心，但被置之不理。

汉顺帝永建阳嘉年间，朝政更加混乱，民不聊生。汉顺帝改永和六年为汉安元年（142 年），希望朝政转好，派遣八名专使巡行各州郡，以宣讲圣上威德。八名专使大多是年老博学名士，只有张纲年纪最轻、官职最低。

张纲离京出巡到近郊洛阳都亭，将车轮卸掉埋在地下，愤然宣称："豺狼当道，安问狐狸!"亦即有豺狼那么大的权奸在朝，为何还要去查办狐狸那样的小贪。"豺狼当道，安问狐狸"也成为监察史上的著名典故之一。

张纲愤然上疏，弹劾大将军梁冀，称梁冀身为外戚荷国厚恩，以刍荛之资居阿衡之任，不能为国效力，而专甘心好货，纵恣无底，多树谄谀，残害忠良，实在是天所不赦，亦加大辟。疏上，京师震竦。梁冀之妹为皇后，正为汉顺帝所宠。汉顺帝虽内心认可张纲之言，但终不能听。

梁冀极为仇恨张纲，想方设法予以陷害。广陵有张婴等众数万人，为非作乱十余年而不能平。梁冀乃派张纲为广陵太守讨贼，希望借贼手而杀张纲。张纲到任后以招抚为主，顺利平乱。朝廷论功，张纲当封，因梁冀阻止无果。汉顺帝想超擢张纲，但张婴等人上书乞留，于是张纲仍留任。张纲在郡一年卒，年仅四十六岁。百姓老幼相携，吊丧者不可胜数。汉顺帝封张纲之子张续为郎中，赐钱百万。

“张纲埋轮”的典故，后代多有诗以诵。如骆宾王“惊魂闻叶落，危魄逐轮埋”、白居易“破柱行持斧，埋轮立驻车”、王安石“上冢还须击羊豕，下车应不问狐狸”、苏轼“纵未家生执戟郎，也应世出埋轮守”等。

有关文献也经常引用“张纲埋轮”的典故。沈约在《奏弹王源》中写道：“臣实儒品，谬掌天宪，虽埋轮之志，无屈权右；而孤鼠微物，亦蠹大猷。”刘知己在《史通·言语》中说，汉代可称者类似“朱云折槛”以抗愤以及“张纲埋轮”而献直。

周处遭陷

——鹰搏狡兔需救援

监察官员面临较高的风险，不乏监察官员被陷害致死的案例。唐睿宗称御史弹劾官员为“鹰搏狡兔”，皇帝必须有效保护御史，否则御史将为权奸所害。但并非所有的监察官员都能被皇帝保护，如监察官员周处、颜真卿等人均是被陷害而死。

周处，吴郡阳羡人，其父为东吴鄱阳太守周鲂。周处少时为祸乡里，与山上虎、河中蛟并称“三害”。后悔过自新，并向陆云请教。陆云对他说，古人贵朝闻夕死，而且你前途尚可，人患不立志，何忧令名不彰呢？周处于是奋发自新，成为一代名臣。

吴国灭亡后，周处出仕西晋，担任新平太守，后转广汉太守。一次宴饮，原为魏国大臣后入仕西晋的王浑嘲笑吴国降人，说你们是亡国留下的人，难道没有忧伤吗？周处奋而反击，说魏蜀吴三国鼎立，魏先灭吴国后亡，亡国忧伤哪里只是一个人的事呢？王浑自讨无趣，脸有惭色。

周处后任御史中丞，刚正不阿，勇于纠劾，不避权贵。因弹劾梁王司马彤（róng）而被忌恨，司马彤一直想找机会除掉周处。正好氐羌齐万年叛乱，令周处隶属于夏侯骏出征。

伏波将军孙秀知道周处一定有去无回，对周处说，你家有老母，可以凭这个理由推辞。周处回复，忠孝不可两全，这正是我献身国家的时机。

齐万年得知周处出征后，对身边人说，周处文武兼备，如果独自决断而来势不可挡，但如果在别人带领下一定会被我捉住。不久，梁王司马彤为征西大将军，都督关中诸军事。周处知道司马彤心怀不平，一定会陷害自己，便决意赴死。

中书令陈准知道司马彤将会报旧仇，便向皇

帝建议，称夏侯骏和司马彤都不是将帅之才，而周处忠勇果敢，与人有怨隙，又没有救援，必将丧身，应该另派精兵当周处的前锋，不然司马彤会让周处当先锋，周处定会失败。但建议未获批准。

司马彤令周处以五千兵抗击齐万年七万人。周处知道必定会失败，赋诗“去去世事已，策马观西戎。藜藿甘粱黍，期之克令终?”周处率兵从早晨到日暮杀敌万余人，弓箭用尽。部下劝他撤军，周处决意以身殉国，力战而死，追赠平西将军。司马睿为帝后，按照谥法“固守仁德而不行邪僻”为孝，为周处加谥号为孝。

周处著有《风土记》等著作。《风土记》是记述地方风俗的名著，今人查考端午、七夕、重阳等习俗，所主要依据的文献之一便是《风土记》。

虽然担任监察官员前景远大，但风险也同样巨大，经常面临进谏天子犯忌讳，弹劾百官导致仇怨招致祸患。南北朝时有人称御史弹劾权贵为狗捕鼠而鼠亦蹈其背，实为高风险职业。这也从周处身上得到了验证。

诗人御史

——落日孤烟草自春

唐代御史大多文字优长，而且不乏知名诗人担任御史之人，如王维、杜牧、刘禹锡等人。担任谏官者也有知名诗人，如白居易、杜甫、岑参等人。

由于御史所肩负的重要职责，御史诗歌较多以獬豸、铁冠等意象以及刚、直等坚硬之词入诗，形成了唐代御史诗歌以刚劲、强健为主的风格。

御史所担任的出巡等职务使御史有较多的机会到边塞地区巡察，进而能写出具有鲜明地域特色的诗词。王维在担任监察御史巡察边塞时，就写出“大漠孤烟直，长河落日圆”的千古名句。

唐代监察御史中著名的诗人有刘禹锡、韩愈、柳宗元等人。

刘禹锡，进士及第，后进入节度使杜佑幕府，深得信任器重。贞元十八年（802年），调任京兆府渭南县主簿，不久迁监察御史。贞元二十一年（805年）正月，唐顺宗即位。唐顺宗为太子时，王叔文为太子侍读；唐顺宗即位后，王叔文进入中枢。刘禹锡与王叔文相善。在王叔文推进改革的过程中，刘禹锡和柳宗元为革新集团的核心人物，但革新很快失败。唐顺宗被迫让位于太子李纯，王叔文被赐死，刘禹锡与柳宗元等人先后被贬为远州司马。

元和九年底（815年），刘禹锡与柳宗元等人一起奉召回京。次年三月，刘禹锡到玄都观看桃花，题诗"紫陌红尘拂面来，无人不道看花回。玄都观里桃千树，尽是刘郎去后栽"，因此诗进一步被贬谪。数年后刘禹锡还京，大和二年（828年）作《再游玄都观》。在诗前序中写道，贞元二十一年此观未有花木，当年被贬十年后还京作前诗，很快又出外任职十四年。重游玄都荡然无复一树，唯兔葵燕麦动摇于春风耳，因再题二十八字以俟后游。诗为：“百亩庭中半是苔，桃花净尽菜花开。种桃道士归何处？前度刘郎今又来。”

韩愈，进士及第，贞元十九年（803 年）升任监察御史。关中地区大旱，京兆尹李实封锁消息，谎报称关中粮食丰收。韩愈愤而上疏《御史台上论天旱人饥状》，遭李实等人谗害，当年被贬为连州阳山县令。长庆二年（822 年）九月，韩愈任吏部侍郎。次年六月，升任京兆尹兼御史大夫。任职不久因不参谒宦官，被御史中丞李绅弹劾。因此事，韩愈改职兵部侍郎。唐穆宗得知其中事由后，重新任命韩愈为吏部侍郎。后韩愈因谏迎佛骨差点被杀，被贬潮州，路上留下“一封朝奏九重天，夕贬潮阳路八千”的诗句。

柳宗元进士及第后，先后任校书郎等。贞元十七年（801 年），担任京畿县蓝田尉。两年后，调回长安任监察御史里行。后参与王叔文改革，革新失败后被贬为永州司马。柳宗元为其他监察御史写过送别诗，有《酬曹侍御过象县见寄》。

全诗为："破额山前碧玉流，骚人遥驻木兰舟。春风无限潇湘意，欲采蘋花不自由。"

唐代诗人众多，也留下较多送监察御史的诗。唐代称殿中侍御史、监察御史为侍御，后世因沿袭此称，将侍御作为监察御史的尊称。李白有《赠韦侍御黄裳》诗："愿君学长松，慎勿作桃李。受屈不改心，然后知君子。"

"青山一道同云雨，明月何曾是两乡"，来自王昌龄的《送柴侍御》，全诗为"沅水通波接武冈，送君不觉有离伤。青山一道同云雨，明月何曾是两乡"。这首诗作于天宝七年（748 年）王昌龄被贬龙标时，作者友人柴侍御将要从龙标前往武冈，诗人写下这首诗为他送行。作者宽慰友人，我们虽阻隔青山却可同云雨，虽人分两地却可共明月。全诗并无伤感之情，构思新颖，别具一格，蕴含深刻，更见情深。

大和七年（833 年），杜牧被淮南节度使牛僧孺授予推官一职，后转为掌书记，京衔是监察御史里行。大和九年（835 年），杜牧被朝廷任命为监察御史，由扬州赴长安任职，八月至东都洛阳任职。在任上写下《金谷园》："繁华事散逐香尘，流水无情草自春。日暮东风怨啼鸟，落花犹似堕楼人。"

除监察御史外，也有较多的诗人担任谏官。杜甫曾短期担任左拾遗，杜甫称岑参识度清远，议论雅正，时辈所仰，宜充近侍。在杜甫的推荐下，岑参任右补阙。

左拾遗属门下省，门下省也称"左省"。右补阙属中书省，中书省也称"右省"。杜甫与岑参担任谏官时，有诗唱和。岑参作《寄左省杜拾遗》，即写给杜甫。全诗为："联步趋丹陛，分曹限紫微。晓随天仗入，暮惹御香归。白发悲花落，青云羡鸟飞。圣朝无阙事，自觉谏书稀。"诗有发牢骚之意，悲叹自己仕途的坎坷遭遇，表达身处卑位而又惆怅国运的复杂心态。"自觉谏书稀"的"稀"字，反映出诗人对文过饰非、讳疾忌医的唐王朝失望的心情。

曾感慨"衮职曾无一字补""何用虚名绊此身"的杜甫，读岑参诗后，作《奉答岑参补阙见赠》。全诗为："窈窕清禁闼，罢朝归不同。

君随丞相后，我往日华东。冉冉柳枝碧，娟娟花蕊红。故人得佳句，独赠白头翁。”全诗感慨身世遭际和倾诉对朝政的不满，用婉曲的反语来抒发内心忧愤。

铁面御史

——一琴一鹤真铁面

宋代赵抃因铁骨铮铮而称为“铁面御史”。赵抃，浙江衢州人。景祐元年（1034 年）登进士第，多地任职，历官至右谏议大夫、参知政事。成都任职期间，识拔苏轼之弟苏辙。去世后，赠太子少师，谥号清献。

赵抃在地方任职期间政绩卓著，清正廉洁，翰林学士曾公亮根本不认识赵抃，但举荐他为殿中侍御史。赵抃在任上弹劾不避权贵佞幸，美誉鹊起，京师称之为“铁面御史”。

赵抃提出，要区分君子与小人，称小人虽然过失小也应努力清除，君子不幸犯了过失也要保全爱惜，以成就其德行。

陈执中曾担任宋仁宗的老师，任宰相多年。陈执中宠妾倚仗权势，一月之间虐杀三个使女。赵抃弹劾陈执中，半年时间内上奏本章十二道，最后终于在欧阳修等官员们的支持下，宋仁宗无奈罢免陈执中相位。陈升之升任枢密副使时，赵抃与谏官唐介等人共同弹劾陈升之升官途径不当，陈升之被罢免，但赵抃与其他弹劾者也被撤职。

赵抃后任龙图阁学士、成都府知府。宋神宗即位后，召赵抃知谏院。按照旧例，近臣从成都回来会担负重任而不任谏官。宋神宗希望充分利用他仗义执言的特点，不久赵抃升任参知政事。

赵抃平时以一琴一鹤自随，日所为事，夜必衣冠露香，上告于天。

赵抃去世后，苏轼为其撰写神道碑。称赵抃擢自御史，是时将用谏官御史必取天下第一流，非学术才行备具为一世所高者不与。所以士居其官者少妄，而天子穆然无为，坐视其成功，奸宄消亡，而忠良全安。宰相韩琦尝称赵公真世人标表。称赵抃其在官守，不专于宽，时出猛政，严而不残；其在言责，不专于直，为国爱人，掩其疵疾。称颂赵抃有东郭顺子之清、孟献子之贤、郑子产之政与晋叔向之言。

赵抃平时一琴一鹤自随，但有记载称鹤实为龟。宋代龟为吉祥之物，而带龟自随远较带鹤方便。

兴亡皆苦

——《风宪忠告》昭古今

元代著名文学家张养浩以其散曲知名，作品之一即非常著名的《山坡羊·潼关怀古》，指出兴百姓苦、亡百姓苦。张养浩曾担任监察官员，著有《风宪忠告》。《风宪忠告》一书在古代监察史上具有重要地位。

张养浩，游学京师因学识被荐入御史台，累官至礼部尚书、中书省参知政事等。力推开展科考，于皇庆二年（1313 年）与其他官员共同主持元朝第一次科举考试。任职期间不畏权贵为民请命，曾赋闲近十年，朝廷七召不出。天历二年（1329 年）关中大旱，出任陕西行御史台御史中丞负责赈灾。赈灾期间，积劳成疾而去世。

《风宪忠告》论述了监察官员应遵循的行为准则与应具备的道德修养，强调官员要加强自我修养，即廉以律身、忠以事上、正以处事、恭慎以率百僚，无论士人和官员都要严格律身。认为监察官员面临极大的风险而且行事艰难，即难与危并存。作为忠于职守的监察官，必须以大无畏的精神直面困难与危险，要置死生祸福于度外，才可上不负国家下不负所学。

《风宪忠告》共分十个部分，即自律、学教、询访、按行、审禄、荐举、纠弹、奏对、临难、全节。

首先，强调监察人员的责任是纠奸绳恶肃正中外纲纪，必须严于律己，以自律为第一。监察官员对自己的一行、一住、一语、一默必须严格要求。为自律，必须要廉正，立身要正。长官自律而司官不敢恣，司官自律而书吏不敢恣。

其次，强调风宪之官因工作性质所系应不避危难，要置生死祸福于度外。规谏要与天子争是非、与大臣辩可否，要承担极大的风险。至于发人之奸、贬人之爵、夺人之官，甚至罪人死地，更是充满风险。中外之官莫难于风宪，也莫危于风宪，而实际情况确实如此。为此，监察官员必须置生死祸福于度外，尽公无私，竭忠吐诚。在临难时要正确对待荣辱。监察官员要保持气节，不荡于富贵，不蹙于贫贱，不摇于威武，道之所在，死生以之。

最后，《风宪忠告》认为，为查清事实真相，必须认真调查研究。监察官员的重要职责之一是揭发官邪、荐举廉正，但贪邪与廉正往往混同，一时难以区别。监察人员必须深入实地调查研究，然后对所得的情况认真分析，反复检验证实，以获得准确的信息。要做好询访和按行工作，才能上下相通，扬善除恶，不可偏信一方。

《风宪忠告》特别强调监察官员要加强自身修养。在向君主进谏尤其是与大臣廷辩时，要平心静气、陈之以理、以理服人，不可盛气凌人、强词夺理。在处理犯罪之人时，要以事实为主，不可主观，也不能严刑逼供。

在监察官员的选拔上，张养浩反对由中书省举荐监察官员，说："尉专捕盗，纵不称职，使盗自选可乎？”

元代监察制度空前发展，对监察官员的选拔与任用也日益完善。御史大夫人选要求必须是国姓。作为御史台副长官的御史中丞是实际负责具体事务的职位，不得不选用有才能的汉人。一般官员铨选多由吏部负责，而监察官员则由御史台自行选用。行御史台御史大夫之职特别强调风宪台官贵在得人，一定要选择合适的人，才能使下情上达。

元代任官的基本原则是，各级官吏中只有蒙古人、色目人才可为官府之长，汉族官员只能辅佐，监察官员也基本是这个原则。实施科举之后，许多进士出身之人开始担任监察御史，如进士许有壬、朱嘉等人都先后任监察御史。

具体选任监察官员时，首先要求备选人员忠君体国，即必须忠于皇帝。其次是为上毗倚、为下瞻依，即必须深得皇帝信任，而且能作百官表率。此外，要求才德可称、廉能兼备、政绩昭著、行无玷瑕，即德才兼备、廉洁奉公、政绩显著且无过失者。

作为监察官员，在官吏铨除中有较优厚的待遇，能够得到较快的升迁甚至可以破越级提拔。元代规定，在朝之官三十月为任满，在外为官三年为任满，吏属九十个月为任满，只有任满方可调用。但监察官员可临时定夺，不以月日所拘。这使监察官吏的选拔不以资历为限，且可不分远近保举。正是由于考虑到监察官吏担负着重要职能，所以与其他朝代相似，把这种不以资历为限的提拔措施作为推动监察官吏尽职工作的重要激励措施。

监察官员在朝三十月为任满，在外地监察以三年为满。监察御史升职可以不限常例，监察御史秩正七品，但一旦迁转为廉访司官员则为正五品，而其他七品官员一般只能升为从六品。监察御史在行使职权时，由于弹劾位高权重之人而常冒杀身之祸，为了鼓励监察御史不畏权威，不仅维持以卑临尊制度，而且予以优越的升迁机会进行激励。

元代重视对监察官员的考察与监督。监察官员要公勤奉职、廉慎律身，并严格要求吏属不得擅作威福废弛纲纪。上级监察官每年按时巡察各地，并考核各监察官吏政绩，年终汇总呈御史台。监察官员任满后，由中央御史台定升任、迁转或黜降。称职者例升一任，或再任一任，或转为民官。不称职者黜降，如有违法犯罪者，罪加一等。

打击朋党

——为君所用消朋党

清代非常重视发挥监察制度的作用，清代皇帝通过发布圣谕以及奖励、惩处监察官员等多种措施，积极激励监察官员激浊扬清、惩治奸邪。

清代诸帝对监察官员寄予厚望，对监察官员既利用又控制，既有效借鉴明末言官结党影响朝政的教训，同时又鼓励其发挥作用，并对作奸犯科之监察官员以及未能恪尽职守的监察官员予以处罚。

在使用监察官员方面，康熙帝可谓高手。康熙帝不次拔擢郭琇，郭琇先以知县行取为监察御史，后升为左佥都御史。在升为左佥都御史的当月，郭琇上《纠大臣疏》，弹劾武英殿大学士明珠与余国柱结党营私等罪，康熙帝免去明珠之职。第二年，郭琇又弹劾康熙帝宠臣高士奇结党营私，康熙帝令高士奇致仕。在郭琇的弹劾下，盘踞朝廷多年的权臣明珠、高士奇等朋党烟消云散。

康熙中前期一直存在党争，先有索额图、后有明珠，还有徐乾学、高士奇等人。康熙年党争实由康熙帝本人操纵，以加强统治，当其逐步意识到朋党尾大不掉时，又通过操纵言路将朋党次第削除。在打击明珠、高士奇朋党的过程中，监察官员郭琇发挥了重要作用。

康熙党争由索额图、明珠争权而来。索额图、明珠均有绝技。索额图好古玩，凡汉唐以来鼎镬盘盂，见之无不立辨真赝，无有敢欺者。明珠好书画，凡其居处无不锦卷牙签充满庭宇。汉官依附满官形成朋党，同时汉官又相互依附对抗满官，朋党斗争激烈。以徐乾学、高士奇等江浙汉人官僚集团为代表的南党，深陷康熙年间的党争之中。

郭琇，山东即墨人，三十三岁中进士后闲

居，康熙十八年（1679年）四十二岁时始任吴江知县。康熙二十五年（1686年），巡抚汤斌以“居心恬淡，莅事精锐”考语奏请郭琇行取监察御史。

虽然郭琇应征田赋尚未足额，康熙帝仍准许他行取御史，授为江南道监察御史。郭琇担任御史后不畏权贵，弹劾明珠、高士奇等人，对打击朋党消灭党争发挥了重要作用。

康熙二十七年（1688年）二月，郭琇任左佥都御史。在康熙帝暗示下，左都御史徐乾学授意郭琇弹劾明珠。郭琇弹疏列举明珠八款大罪，称明珠一人其智足以窥探上意，其术足以弥缝罪恶，又有余国柱奸谋附和，负恩之罪罄竹难穷。自称受皇帝非常殊眷，若舍豺狼而问狐狸，即为辜负圣恩而罪滋大。虽固知明珠党羽实繁，睚眦必报，但恃有圣主当阳，自然无所畏忌。伏祈霆威立加严谴，天下人情将莫不欣畅。希望皇上睿鉴施行，谨题请旨。

康熙帝收到郭琇的奏疏之后，立即撤去明珠大学士官衔，交给侍卫内大臣酌用。明珠后虽官复原职，但不再被重用，其家族至嘉庆初败落。

郭琇官符如火，自左佥都御史升至左都御史仅一年三个月。康熙二十七年（1688 年）二月弹劾明珠，康熙二十八年（1689 年）五月即升都察院左都御史。康熙帝不次擢拔郭琇自为搏击之用，郭琇也确不负康熙帝所托。

康熙帝极其宠信高士奇，凡遇巡狩出猎皆陪侍左右。高士奇遇事也都能令康熙帝满意。康熙帝南巡时登镇江金山寺题匾，濡毫良久而无合适内容可题。高士奇便拟“江天一览”四字于掌中，趋前磨墨微露字迹。康熙帝果如其所拟题写，因心情大好，据称该四字较康熙帝其他题字为优。

高士奇书法甚善，并刻意结欢太监，力探内廷隐秘之事。早晨问太监知康熙帝前晚阅某书，即抽某书翻阅，被问及则能对大意，故越发得宠。康熙帝曾问其家资，高士奇跪称，督抚以臣蒙主恩多有馈赠，其实圣明威福并不旁落，臣何能参预一字，臣寸丝粒粟皆由恩遇中来。康熙帝虽笑而不问。

康熙二十八年（1689年），郭琇弹劾高士奇与前左都御史王鸿绪，参其植党营私、招摇撞骗罪有可诛。称高士奇出身微贱，皇上不拘资格擢补翰林且入南书房供奉，其不但不报君恩，反倒日思结纳谄附大臣，揽事招摇以图分肥，久之羽翼既多遂自立门户，并结王鸿绪为死党，均寄以腹心在外招摇。皇上圣明虽洞悉其罪，但高士奇不思改过自新，仍怙恶不悛，欺君灭法背公行私，要求对高士奇予以严惩。

高士奇一向为康熙帝所纵容，王鸿绪亦为皇帝耳目，康熙帝只是降旨让高士奇、王鸿绪俱休致回籍，准备过一两年再行起用。自此，明珠、高士奇集团在郭琇弹劾下烟消云散。

但郭琇弹劾权贵招致报复。康熙二十八年（1689年），监察御史张星法疏劾山东巡抚钱珏贪黩，皇帝命钱珏明白回奏。钱珏回奏，称张星法所参皆左都御史郭琇等人指使，郭琇曾以私书嘱荐山东知县教谕等官，因被拒，以致无罪被纠。结果郭琇从宽免治罪，革职降五级调用。钱珏接私书，彼时不行奏闻，下令以原品解任。

郭琇降五级调用，一直没有适当的缺可补。恰好有通政使参议缺出，适合郭琇，但康熙帝不准，令郭琇休致回籍。

两江总督傅腊塔亦弹劾郭琇漕运未足，刑部议奏郭琇应予充军，康熙帝降旨宽免。郭琇也早知帝意，康熙帝为了平息党争、整饬吏治，不得不找人行苦肉计，所受委屈及牺牲者皇帝完全明白，以后会予以补偿。康熙三十八年（1699年），郭琇任湖广总督。康熙四十年（1701年），郭琇以病乞休。康熙帝予以慰留，并称如郭琇者能有几人。

激浊扬清

——数度白简傲铁冠

清代皇帝对于恪尽职守的监察官员不吝提拔。乾隆帝时监察御史仲永檀检举步军统领鄂善受贿，经查处鄂善伏法，乾隆帝嘉其敢言，立擢为左佥都御史。嘉庆初礼科给事中广兴弹劾和珅，嘉庆帝将其擢升为左副都御史。

对于未能恪尽职守的监察官员，皇帝亦予以处分或警告。乾隆五十五年（1790 年）湖北闹灾激起民变，但籍隶湖北监察官员没有一人曾奏及，乾隆帝大怒，将湖北科道交部议处，同时将湖北学政钱沣降为六部主事。

乾隆五十七年（1792 年）浙江巡抚福崧犯法，被赐令自缢。对未能检举福崧的浙江籍科道人员，乾隆帝亦予以处罚。称该省科道虽在京服官，但其亲友往来定可听说福崧劣迹，何以却未一人参奏？下令所有籍隶杭州府属之给事中和监察御史俱著停升二年，籍隶浙江省者停升一年。还声称此系从宽办理，监察官员们一定要各自愧励以期无负职守。

对于影响皇帝权威以及有违皇帝意志的监察官员，皇帝亦不吝予以打击。雍正年间御史谢济世弹劾河南巡抚田文镜，田文镜为雍正帝宠臣。雍正帝怀疑谢济世为他人所托而弹劾田文镜，将谢济世发往军前效力。乾隆帝即位后，将谢济世召回重新担任御史，后外放地方任道员。

谢济世刚一到任即申请提升养廉银，被乾隆帝挖苦。乾隆帝称，谢济世早窃戆直之名，及复为御史则以养母为辞恳请外用，甫到道员之任即请增加养廉，操守耿介者固如是乎？

为发挥监察官员作用，清代诸帝经常训饬言官不要摭拾细故挟私言事。乾隆帝常称，科道中人挟私言事颇不能免但难逃其洞察，对毛举细故不谙政体者也不予苛求，但招权纳贿颠倒是非营私者实为台谏败类，不得不依法严惩以肃正纲纪。

清代也有皇帝对监察官员刻意压制。监察官员作为皇权的附属，发挥作用的程度在于皇帝的重视程度及其维护皇权的努力，同时监察官员的自身能力与职业操守也对其能否发挥作用具有重要关系。这在乾隆后期和珅专权时得到了充分验证。

乾隆后期和珅专权。监察御史曹锡宝虽没直接弹劾和珅，但上疏弹劾和珅家人以旁敲侧击，不过被友出卖弹劾无果。

曹锡宝先以举人考授内阁中书，后中进士，历官以国子监司业候补升用。因国子监司业久无空缺，乾隆帝特旨补授陕西道监察御史。乾隆五十一年（1786 年），曹锡宝弹劾和珅家人建筑违制恃势营私，怀疑其借主人名目招摇撞骗。曹锡宝上疏前将疏中内容告知南汇吴省钦。吴省钦一向阿附和珅，得知此事后即派人告知随扈乾隆帝在热河的和珅。和珅马上通知家人，将违制建筑等证据予以销毁。

因和珅家人已毁掉证据，查办大臣也投鼠忌器，虽然乾隆帝一再下令不得回护和珅，但查无实据。吏部以议奏不实例，建议将曹锡宝降二级调用。

乾隆帝自称用人行政一秉大公，如和珅有罪自当惩治，但不得以无根之谈而治人以罪，而曹锡宝如照部议降调亦罪有应得，但念其为御史，毕竟是言官，加恩改为革职留任。

乾隆帝曾面谕曹锡宝，你们读书人不读《易》吗？君不密则失臣，臣不密则失身，似乎在暗示曹锡宝被友出卖之事。曹锡宝唯流涕叩首而矣。

曹锡宝亦知为友所卖。曹锡宝去世七年后，嘉庆四年（1799年），嘉庆帝亲政后和珅被赐死。被曹锡宝弹劾的和珅家奴财产竟达二十余万，足见纠劾有据。嘉庆帝追思曹锡宝敢言直谏，不愧诤臣，于是下令追赠曹锡宝为左副都御史，其子荫袭中书，以表彰直言进谏之士。

按清代惯例，五品以下官员如果不是殉于寇难，向来没有赠官给荫之例，五品官也没有追赠正三品之例。曹锡宝原为从五品监察御史，追赠为正三品左副都御史。嘉庆二十一年（1816年），曹锡宝又入祀乡贤祠。

曹家有进谏传统。撰写《上海县城隍神颂序略》的曹一士为曹锡宝族叔，曾任监察御史和给事中，屡屡上疏进言。在监察御史任上敢于进言，不过六个月即由乾隆帝特擢破格升任给事中。

和珅盛时极少有监察御史弹劾和珅，但也有监察御史不惜功名而摸虎须。嘉庆初监察御史谢振定巡城时，见和珅妾弟乘和珅车于道中，于是把和珅的车烧掉，时人称为“烧车御史”。事后和珅指使给事中王钟健弹劾谢振定行为乖张，谢振定被免职。

监察御史管世铭颇为谢振定抱不平。管世铭对王钟健说，今日二公各有所失，谢公失官，王公失名。失官之患，不过一身。失名之患，致传千古！和珅败后，谢振定以主事起用官至员外郎。其子后以河南裕州知州入觐，嘉庆帝称此烧车御史之子也，特擢四川叙州知府。

王钟健于给事中任上外升道员时，曾被乾隆帝否决。乾隆帝称，吏部将新选浙江金衢严道王钟健带领引荐，看其人甚是平常，即简缺道员亦难胜任，岂可骤膺繁剧道员。但念其于给事中任内尚无过失，下令仍留本任。责备都察院堂官，何得以此等才具平庸之人滥行保举，令其明白回奏。

和珅当权时除军机大臣阿桂外，几乎没有官员敢与之相抗。管世铭充军机章京时，大学士阿桂倚之如左右手。后管世铭考中监察御史，担任监察御史后即欲参劾和珅。但阿桂知弹劾和珅肯定无果，而且会殃及自身，因而奏请让管世铭仍留军机处办事。

清代规定，御史担任军机章京者，不得专达封事。管世铭自称愧负御史之职。阿桂予以安慰，称报称有日，何必急以言自见。留直本为阿桂所请，以保全管世铭，防止其因弹劾和珅召祸，所以称报称有日。管世铭于嘉庆三年（1798年）卒，当时乾隆帝尚在。嘉庆四年（1799年）初乾隆帝去世后，嘉庆帝即收治和珅并赐其自缢。

御史升迁

——青云之上有因缘

清代能考选担任监察御史者绝大部分出身正途，且在翰林院或六部工作过较长时间，又经过担任监察官员的锻炼，综合能力较强，这是其升迁至高位的重要原因。

监察御史升迁有三种路径：一是一直担任京官，如曹秀先。二是由监察官员任上外放一直担任地方官，如陶澍。三是由监察官员任上升迁交替担任京官与外官，如卓秉恬。

监察御史升任至从二品及以上官员一般需要较长的时间，短则近十年，长则十余年或二十余年。一般而言，由监察官员任上外放升迁至从二品时间较短，一直任京官或交替任京官和外官则需要较长的时间。

曹秀先，乾隆十年（1745 年）由翰林院编修考选为浙江道监察御史，后历任刑科给事中、鸿胪寺少卿、光禄寺少卿、通政司参议、国子监祭酒。乾隆三十二年（1767 年），由国子监祭酒升任内阁学士兼礼部侍郎，为从二品。自监察御史升至从二品内阁学士，历二十二年。乾隆三十三年（1768 年）由内阁学士任上升工部右侍郎，乾隆三十九年（1774 年）升为礼部尚书。曹秀先出身翰林院，未任过外官，由翰林院编修考选为监察御史后一直升至礼部尚书从一品，为乾隆朝名臣。

陶澍，嘉庆十九年（1814 年）三月由翰林院编修考选为江南道监察御史。嘉庆二十年（1815 年）四月任户科给事中。嘉庆二十三年（1818 年）四月，俸满记名以道员用。嘉庆二十四年（1819 年），外放任四川川东道道员。道光元年（1821 年）十月任从二品安徽布政使，道光三年（1823 年）任安徽巡抚，历江苏巡抚等职，道光十年（1830 年）升至两江总督。陶澍自监察御史升至从二品布政使，历时仅七年。陶澍在两江总督任上推海运、治吴淞江、整顿盐政且大力提拔人才，为一代名臣。

卓秉恬，嘉庆十八年（1813年）由翰林院检讨考选为山东道监察御史。嘉庆二十一年（1816年）十一月升鸿胪寺少卿，嘉庆二十四年（1819年）擢任顺天府府丞。道光四年（1824年）任外官，担任奉天府府丞兼提督学政。道光十年（1830年）重任京职，任太仆寺卿。道光十四年（1834年）任从二品内阁学士兼礼部侍郎。道光十五年（1835年），升任礼部右侍郎，后任吏部尚书、武英殿大学士，为道光时名臣。卓秉恬自监察御史升至从二品内阁学士，历时二十一年。

曹秀先、陶澍与卓秉恬均出身于翰林院，前二人为编修、后者为检讨。从翰林院出身考选为监察御史，再升任至从二品及以上高官较为常见。监察官员外放至地方升任至从二品官员，较一直在中央任职或交替在中央、地方任职更为快速。陶澍从监察御史任上升至从二品布政使仅七年，而曹秀先与卓秉恬历时二十余年才由监察御史升任从二品内阁学士。

监察官员外放至地方任职升迁至从二品官员时间一般较短，主要原因是升迁台阶较少。一般监察御史升至给事中后再外放，给事中外放任道员，道员进一步升迁为按察使，按察使再升迁即是从二品布政使。道员至布政使中间仅按察使一级，所以外放后升迁至从二品官员相对较快。

由监察御史直接外放任道员。嘉庆二十五年（1820年），林则徐以翰林院编修考选为江南道监察御史，京察一等外放授浙江杭嘉湖道道员，道光三年（1823年）任江苏按察使，至道光七年（1827年）任从二品陕西布政使。林则徐自任监察御史至从二品布政使仅七年时间，其中还包括丁母忧时间。

监察御史外放一般任知府，同样具备良好的升迁前景。光绪十四年（1888年），林绍年由翰林院编修考选为浙江道监察御史，光绪十九年（1893年）外放任云南昭通府知府，光绪二十六年（1900年）任从二品云南布政使，后任军机大臣。

与监察官员外放升迁较快不同，一直在中央任职的官员升迁至从二品时间较长。由从五品监察御史、正五品给事中升至从二品内阁学士，一般要在四五个职级上循资而进。而且中央官员在每个职级上升迁较为缓慢，经历二十年或更多时间由监察御史升至从二品属于正常。

嘉庆二十二年（1817 年），李振祜考选为山东道监察御史，后一直在京任职，至道光十七年（1837 年）升为内阁学士，从监察御史升至从二品官员历二十年。那种在中央与地方交替任职的官员，因有在中央任职经历，其由监察御史升任至从二品官员也需要较长时间，如卓秉恬即是如此。

大部分监察御史按部就班升迁，偶尔也有个别监察御史被破格提拔，如康熙朝郭琇与咸丰朝王茂荫。

咸丰元年（1851 年），王茂荫由户部员外郎考选为陕西道监察御史。咸丰二年（1852 年）即升任太常寺卿，咸丰三年（1853 年）升任户部右侍郎兼管钱法堂。王茂荫出身商人之家，具有较多的实践经验。王茂荫参与解决币制问题能力不俗，所以咸丰帝对其破格提拔。但王茂荫任户部右侍郎后，并不赞成以发行纸钞为主要内容的币制改革，而且屡次上疏反对，于咸丰四年（1854 年）由户部右侍郎调任兵部右侍郎。

王茂荫反对币制改革的奏疏先后被译成俄文和德文而被马克思看到，马克思将王茂荫思想写入《资本论》脚注，王茂荫因而也成为《资本论》唯一提及的中国人。

瘦马御史

——犹向苍茫倾壮心

钱沣是清代著名监察御史，因喜画瘦马被称为“瘦马御史”。乾隆三十六年（1771 年）进士，改庶吉士，散馆后任翰林院编修，乾隆四十六年（1781 年）考选江南道监察御史。

钱沣升任御史后，即因甘肃冒赈案弹劾陕西巡抚毕沅。称毕沅久任陕西巡抚，既系甘肃邻省，又两次署理总督印务，何以置若罔闻并不据实参奏。乾隆帝称所奏甚是，但王亶望之事举朝皆知而不举，不能怪毕沅一人。毕沅从宽降为三品顶带，仍留陕西巡抚之任，所有应得职俸及养廉银永行停支，以示惩儆。

甘肃冒赈案为乾隆后期大案之一，处死官员

甚多，甘肃官场几乎为之一空。甘肃冒赈案前后历时七年之久，事主不但在当时未被发觉而且高升，如非其他原因被乾隆帝偶然生疑而发觉，甚至可能永远不会被发现。

甘肃冒赈案始作俑者为甘肃布政使王亶望。王亶望任甘肃布政使后，重新实行已停止的捐监。所谓捐监，就是想获得国子监监生资格的读书人，按规定数目向当地官仓捐交谷粮，遇到灾荒即用这些粮食赈济灾民。后来捐监一度停止。但王亶望让监生将应捐豆麦折为白银，上奏仍为捐谷粮，又借干旱为借口进行放赈，将本不存在的谷粮假借放赈之名消化，而将捐收的白银中饱私囊。

甘肃冒赈案因涉及人员过多，不得不将判死罪量刑标准一再提高，最后只有侵冒银在二万两以上者斩决。该案被处死的官员高达五十六人，其中总督、巡抚、布政使各一人，道员、知府共五人，其他官员不等。其余各犯免死发遣革职查抄家产等，共有四十六人。

山东库银案是乾隆后期的另一大要案，为钱

沣检举。乾隆四十七年（1782 年），钱沣参奏，山东巡抚国泰、山东布政使于易简等贪纵营私，州县仓库亏空。乾隆下旨，特派尚书和珅、左都御史刘墉，并带同御史钱沣，驰赴山东省城严查办理。

查办官员到山东后，最初一筹莫展。后钱沣看库银存银轻重不一、式样各异，便在历城县出告示，凡借于历城县者即持借据领回，逾期不领视作放弃没入官库。等借据全部收回，历城县库几乎空无所有。

经查，国泰勒派通省属员婪索银八万两，于易简明知巡抚勒派隐忍不举，请旨将国泰、于易简即行正法。乾隆帝称，国泰、于易简立予弃市原所应得，但较之王亶望之案又可略宽一线，国泰、于易简著加恩赐令自尽。

山东库银案后不久，乾隆帝下发上谕，称此事本早有风闻，所以一经被参即行办理，原非仅因钱沣之奏。称汉人科甲官官相护，牢不可破，假如国泰系科甲汉人，钱沣亦未必即行参奏。又进而警告，明季科道陋习，始则摭拾浮词互相攻击，继且各立门户伐异党同，置国是于不问，转以廷杖博说直之名，不可不防其渐。

不久，钱沣先升通政使司副使，再任湖南学政。在湖南学政任上因事被罢职，以主事补用。乾隆帝称，钱沣前在御史任内自诩刚方，节经参劾毕沅、国泰，一两年间即擢至通政使副使，简放湖南学政，并特令连任。但在湖南将及六年，从未见其续有纠劾之举，而且近年湖广活埋等案节次破露，钱沣近在楚省而默不一言。钱沣以特加简擢之人本应即予褫革，姑念其从前尚知持正，著加恩以部属主事用，以观后效。

钱沣主事未及补缺便丁忧回籍。先后丁父母之忧，居家近六年之久。乾隆五十八年（1793年），授户部主事，很快升员外郎，又授为湖广道监察御史。此次任湖广道监察御史与其初任江南道监察御史，已是十二年后。乾隆五十九年（1794年），钱沣奉派为军机章京。

钱沣赴京前本应任主事。有友精通卜卦，称决不会补此缺，当仍复清要之秩。钱沣一笑置之。不数日，引见时乾隆帝问，你是参劾国泰的钱沣，为何在家待那么久？钱沣对奏因为两次居忧之故。乾隆帝命查六部所缺司员之职，正好有员外郎缺出，令钱沣补员外郎之职，而非主事。不久，钱沣又任湖广道监察御史，果然应了好友卜卦结果。

钱沣在未到差之前，以御史身份上疏，弹劾和珅在军机不与其他军机大臣共同办事。称国家所以设立衙署，盖欲诸臣共集一堂互相商榷，今和珅妄立私寓不与诸大臣同堂办事，恐有自作威福揽权之渐。请皇上命和珅拆毁其寓，遇事共同办理，不得私自判处。乾隆帝认可，即命钱沣稽察军机处。

不久，钱沣暴卒。据称，系和珅故意加重钱沣负担，以使其身累而亡。

钱沣工颜体，书法得米、董之意。善画瘦马，风鬃雾鬣，筋骨显露，望而知为严凝之气所特钟，时人称为“瘦马御史”。钱沣曾有题马诗：“蹴踢边沙岁月深，骨毛消瘦雪霜侵。严城一夜西风疾，犹向苍茫倾壮心。”

“三霖公司”

——末代御史悲暮歌

清末监察御史有“三霖”，即江春霖、赵启霖、赵炳麟，三人志向相投且为好友。当时上海有“三菱公司”，因而有人也称他们为“三霖公司”。

江春霖，福建莆田人，光绪二十年（1894年）进士。江春霖早有做御史的愿望，称只有谏官才能就庶政之得失、万民之休戚、社稷之安居、职官之能否等上奏天子而知无不言。作为儒生，志在天下，不做谏官将安为？光绪二十九年（1903年），江春霖担任御史。

都御史陆宝忠吸食鸦片，江春霖上疏弹劾陆宝忠干冒烟禁吸食鸦片，不宜长御史台之职。陆宝忠被免职。不过，陆宝忠被免职有更复杂的内幕，并非江春霖弹劾之力。

江春霖曾专折严劾袁世凯，弹劾其交通亲贵、把持台谏、引进私属、纠结疆臣、遥执兵柄、阴收士心、归过圣朝、潜市外国、僭滥军赏、破坏选法、骤贵骄子、远庇同宗等十二条罪状，朝野震动。

宣统二年（1910 年），江春霖上疏《劾庆亲王老奸窃位多引匪疏》，弹劾庆亲王奕劻。但被下谕严责，称江春霖信口雌黄意在沽名，实不称言官之职。令江春霖回原衙门行走，以示薄惩。

江春霖被处分后，御史们纷纷上疏相救。御史陈田上疏，称江春霖夙具孤忠不顾利害，恐天下寒心士气沮丧，书之史册何足示后人？御史赵炳麟负气上书，建议裁撤都察院，称既然对谏官有诸多限制，而且参劾动辄得咎，那么要都察院何用？但挽救无果，江春霖辞职。

江春霖回到福建莆田原籍时，县城超万人隆重聚会欢迎其荣归。于右任曾入狱，后在江春霖挽救下无罪释放。于右任任国民政府监察院院长时，为江春霖《梅阳山人》文集作序，为其遗照题词“松柏之坚，姜桂之辛，是皆难老之征，以寿我天民”。

对于江春霖弹劾庆亲王，时人有评论，称其另有原因。辜鸿铭承认江春霖为真御史，同时亦指出江春霖徒攻讦一二贵人琐屑之阴事，不能谓明大体。

载沣任摄政王初期，倾向于鼓励御史发挥作用。载沣摄政之初，授意御史陈田、赵炳麟弹劾袁世凯，令袁世凯还乡。载沣还亲自接见御史，鼓励其通于谏言，一年之内江春霖蒙载沣召见两次备蒙奖励。但当御史不受其控制时，载沣亦不惜对御史以处分。

庆亲王奕劻对御史较为宽容。江春霖对其弹劾时，奕劻曾对载沣称，御史本有风闻言事之权，实与不实系查办人之事，而与御史无关。朝廷若以其奏不实予以严惩则是阻塞言路，而奸吏反得以肆无忌惮。载沣亦以为然，仅让江春霖回原衙门行走，未给予其他处分。

光绪三十三年（1907 年）清廷在东北设省，

天津巡警道段芝贵恩赐布政使，署理黑龙江巡抚。任命一出舆论大哗，御史赵启霖上《劾段芝贵及奕劻、载振疏》。赵启霖，光绪十八年（1892年）进士，选翰林院庶吉士，光绪三十二年（1906年）任监察御史。

赵启霖疏称，段芝贵人本狎贱善于迎合，载振路过天津时以一万二千金购歌妓杨翠喜献于载振，并从天津商会王竹林处借十万金为庆亲王奕劻贺寿，遂得署黑龙江巡抚。若任其滥绾疆符，诚恐增大局之阽危，并贻外人之讪笑。载振为奕劻之子，时任农工商部尚书。

赵启霖疏上后，段芝贵被撤去布政使衔，毋庸署理黑龙江巡抚，并令醇亲王载沣、大学士孙家鼐查办该案。载振急将杨翠喜辞回天津。经载振等人运作，最终“调查结果”为：杨翠喜被天津富商王益孙买去作为使女，并无赠给载振之事，王竹林也不承认借钱给段芝贵行贿。

根据此调查结果，赵启霖因奏劾不实，被即行革职以示惩儆。赵启霖被革职舆论沸腾。《申报》以“不畏强梁”为题予以抨击，并刊登

《翰林打虎》漫画。赵启霖直声远震。

都御史陆宝忠及御史江春霖连续上疏，声援赵启霖。陆宝忠称不能没有言官监察，言官即使有错也不应革职。有御史欲救赵启霖，称许风闻言事，即使所言不实律无反坐，所以激发言路，使其不畏强御整肃朝纲。在舆论不断发酵下，载振辞去农工商部尚书职务。赵启霖仅两月即复职，后担任四川提督学政。

赵炳麟与赵启霖不同，重在言事，很少弹劾。光绪三十二年（1906 年）机构改革，都察院六科给事中改为给事中。赵炳麟建议，将六科给事中改为殿中侍御史，被驳不准。但考虑到升转问题，设二掌印给事中，定为正四品，其他十八位给事中职级不变。

江春霖与赵启霖、赵炳麟以敢谏著称，但亦有被批评之处。有论称，江春霖、赵炳麟、赵启霖以弹劾不避权贵，然终不免“欺”之一字。赵炳麟仕民国后，袁世凯擢用为肃政史，姑无论名节，即以其生平弹劾庆亲王奕劻、袁世凯十余章，国变之后乃甘为袁臣，而将往时谈忠说孝面目一扫而空。

袁世凯用赵炳麟，而于条陈外部事宜隐攻瞿鸿禨的李灼华，以及暗通报馆为名明攻瞿鸿禨的恽毓鼎悉置不用。有评者称，袁世凯用人自有其考虑，但赵炳麟定情之夕，昔以死争者而今以身许，殊难为情也。评论可谓辛辣。

“特别”御史

——无稽之谈足堪笑

虽然清代监察御史发挥了重要作用，但是也有一些监察御史留下了足堪一笑的故事。

康熙十七年（1678 年），郭四海任左都御史。郭四海最初居科道官员时有向其行贿者，郭四海于夏日皮冠重裘围炉于斗室中，接见行贿之人。受贿后仍上疏弹劾行贿者，被行贿者告发。郭四海问其行贿时情况，其人称皮冠重裘围炉斗室之状。其他人以为必无是理，于是郭四海免议。

雍正三年（1725 年），钱以煐以礼部主事考授监察御史。引见时条奏三事，其中之一是请饬各省督抚勒令尼姑还俗。雍正帝大怒，下旨称其鄙琐不通不胜台谏，下令钱以煐以主事原衔勒令休致，条奏发还。

乾隆时某御史，以北京宣武门俱称顺治门不宜称用，奏请另刻门楣。乾隆帝批令侍卫领该御史看该门石刻名称，据实回奏。该御史至门首，侍卫以手提其耳，让其看明门上之字。该御史仰首观看，则上面赫然是“宣武门”三字，并无顺治门字样。该御史大惭。

定例北京内城不许设立戏园，后渐多私立，道光帝予以严禁。御史景德受商贾之贿上疏，请于万寿节旬日内城内允许戏园歌演，以拟周蜡汉酺之意。道光帝大怒，即日将景德发遣军台，并批其疏曰一片犬吠之声。时人因称景德为“犬吠御史”。

满人入仕之途极广，各部院笔贴式循资比俸可至员外郎中，但不能得京察一等外补无望，于是大都以保送御史为出路。朝野上下均轻视满御史，但保送即记名不必考试。满御史大都不能执笔作书，偶尔上疏言事，大都是他人为之捉刀。御史俾寿不能书写汉字，疏稿都由李钟豫代拟，后二人因分贿不均互相口角，而被外人得知。都御史张英麟得知后，在京察中将俾寿黜革。

同治七年（1868 年），御史德泰建议修圆明园。德泰建议收捐修复园庭，并称内务府库守贵祥有拟就章程五条，既不动用库款又可代济民生。当时大乱甫平，正当与民休息之际，竟有御史敢出此建议。恭亲王奕䜣大怒，下谕称据御史德泰奏请修理园庭以复旧制，丧心病狂莫此为甚。下令，德泰着即革职，以为莠言乱政者戒。对库守贵祥痛加惩治，称其以微末之员辄敢妄有条陈希图渔利，着即革去库守，发往黑龙江给披甲人为奴。德泰为清议所讥，后自缢。

甲午战争期间，某日早朝，王懿荣称事急矣，非起檀道济为大将不可，其所称檀道济意指董福祥。一满御史在旁听到，忙问檀道济三字如何书写，有人书以相示。次日该御史即上奏请起用檀道济。檀道济实东晋末刘宋初之人。

有某满御史上奏，称日本之邻有两大国，日本畏之如虎，请遣一善辩之大臣前往该两国与之订约，共击日本，以实施合纵连横之计。光绪帝震怒，准备降旨痛斥，恭亲王奕䜣称，如此将使满洲大臣益为天下所轻。光绪帝觉得有理，就放过该御史。

光绪二十年（1894年）十二月，安维峻上《请诛李鸿章疏》，弹劾李鸿章误国但语多不经，同时批评慈禧干预皇上决策。光绪帝震怒，饬拿交刑部议罪，诸臣称亦宜加以惩办。但翁同龢力救，称安维峻究系言官，且其亦称市井之言不足信。

当日颁发上谕，称近因时事多艰，凡遇言官论奏无不虚衷容纳，即或措词失当亦不加以谴责。但安维峻呈进封奏托诸传闻，竟有皇太后遇事牵制，何以对祖宗天下之语，若不严行惩办恐开离间之端。下令安维峻着即革职，发往军台效力赎罪，原折掷还。

安维峻原折内容实为一般，且有不经之语。安维峻上疏当日恭亲王奕䜣病假，假满入值斥同辈称，此等奏折归档了事何必理他，诸公欲成此人之名！因此，疏安维峻竟得大名而去。有评论称闭塞之世是非不明，观御史安维峻弹劾李鸿章一疏，此等谏草实足为柏台玷。

御史们因多种原因不时也有误国之举。光绪时议开铁路之时，御史们就极力反对。山东道监察御史文海提“四害”，陕西道监察御史张廷燎称“不可轻于尝试”，浙江道监察御史汪正元“六不可开”，其他如河南道监察御史余联沅、山西道监察御史屠仁守等人纷纷反对。

也有御史不负责任。江西道监察御史赵熙弹劾吉林巡抚陈昭常，而误以陈昭常为黑龙江巡抚，且误“昭”为“照”，结果被申斥。大学士陆润庠请假修墓，广东道监察御史胡思敬弹劾其请假系有心规避国事艰难，应该令其子陆大坊回籍。陆大坊实为前左都御史陆宝忠之子，如此张冠李戴被传为笑柄。

也有御史被人收买，或公报私仇随意弹劾。正因如此，龚自珍曾有诗云：“河干劳问又江干，恩怨他时邸报看。怪道乌台牙放早，几人怒马出长安。”

下篇 制度法规

轩辕纳谏

——纳谏古风由来久

言谏制度作为监察制度的重要组成部分，在历代王朝监察制度中均发挥着重要作用，经历了一个发展、成熟和逐步消亡的过程。

言谏制度最早可追溯到氏族部落中普通成员对氏族首领的建议与劝谏，后逐步演进为臣下向首领的进谏。在原始社会尚没有文字时诸事为口口相传，来自舆论的监督作用极为重要。当时，人们常把自己的感悟通过歌谣的形式表达出来。氏族首领要了解舆论与民心所向，经常派人到各部落去采集民间歌谣。

随着生产力不断发展，原始社会后期官僚体系逐步发展完善，在此过程中，对君主的进谏和对官僚体系的监督也随之发展。虽然年代久远，但从有关史料中也能在一定程度上了解当时的监察制度，包括轩辕黄帝设立谤木征求意见，尧设纳言之职收集相关信息等有关措施。

轩辕黄帝接受臣下进谏，是较早的君主接受言谏的典范。传说，轩辕黄帝曾于甘肃平凉崆峒山向广成子问道。广成子告诉黄帝，要积极顺应万物的自然本性，努力保持内心的清静恬适，不要受外物干扰。这样方可顺其自然，而得长治久安。

此后，黄帝勤奋治国，国力大增，击败蚩尤统一华夏。但一日早朝后，黄帝突然发现发已花白，自知老之将至而不乐，因而三月不朝。当时四海初定万象有待更新，黄帝不朝导致人心惶惶。诸大臣公推宰相风后入宫见驾劝谏黄帝。

风后先行觐见黄帝之后嫘祖，问黄帝为何三月不朝。才知黄帝只是伤悲老之将至。

第二天天尚未亮，风后直谏黄帝，说三月不朝人心惶惶，长此以往国将不国。大臣力牧进谏黄帝，称如想永生，应当首勤国事，安抚四海，赐福百姓，而后方可求长生之灵药。

黄帝纳谏，自当日始朝事如常。黄帝率诸大臣顺天地、治历法、筑城池、拒猛兽、教耕种、饲六畜。九年后，神州大地民安国富四海太平，黄帝禅位于其孙高阳，自去寻海上不老仙方。高阳即为颛顼帝，也是五帝之一。

黄帝纳谏治天下的故事虽然主要是演义性质，但也显现出臣下向君主进谏的制度安排。当君主所行之事并非完全顺民心之时，需要由臣下向君主进谏，使君主力行正道。在此故事中，向黄帝进谏之人为百官之首即宰相风后，而并非是专门进谏之官员，更无专门的进谏机构。虽然如此，黄帝纳谏以治天下，也可视为后世臣下向君主进谏的监察制度的典范。

传说黄帝时代仓颉造字，当时即有“诽谤”一词。“诽”指微言，即私下议论或讥讽。“谤”为大言，即直言进谏。“诽谤”二字也说明黄帝时期即有直言进谏之事。

尧时期也有接受进谏的传说。当时天下发洪水，四岳坚持推举鲧即禹的父亲治水，尧认为鲧并不能胜任治水的重任。但四岳坚持推荐鲧，而且极力强调要鲧先试一试。在四岳的强烈推荐下，尧无奈接受了四岳的进谏，任命鲧负治水之职。但鲧以堵为主治水九年而无功。舜流放鲧于羽山致死，改用鲧的儿子禹治水。

禹于甘肃兰州观察水势，将天下划分为九州，即冀州、兖州、青州、徐州、扬州、荆州、豫州、益州、雍州，因而禹观察水势之山名为九州台。禹划分九州后，治水以疏为主，三过家门而不入，经十三年最终治水成功。

舜专门设立纳言一职，职掌出纳帝命，对部落联盟首领之教命有审核否决权，是当时首领为纠正自己言论违失或排除他人谗言的专司监察的官员。后代秦汉时专门设有掌谏言和封驳诏书之权的给事中，即由此演变而来。

除了有官员进谏外，百姓的议论由有关官员报告君主，也是君主接受进谏的方式。相传尧置敢谏之鼓，舜立诽谤之木。尧时为听取大家意见，在交通要道设谏鼓，有人进谏时即可击鼓以闻。唐代白居易有诗“谏鼓高悬作虚器”。舜时于交通要道立木柱，让人在上面写谏言，所立木柱称为“谤木”。

至汉代，谤木发展演变为通衢大道的标志，因其远看如花，又古时“花”同“华”，故称“华表”。明代建紫禁城即专门建有华表。华表顶上之兽为古时传说中的动物，其性善吼叫，所以名曰犼。华表的位置不同，犼的朝向亦不同。位于皇宫内的华表，犼朝宫内方向，也称“望君出”。即希望皇帝不要经常深居宫中，而要经常到民间了解民间之疾苦。皇宫门外的华表犼朝外，也称“望君归”。即希望君主不要在外游玩过久，提醒皇帝及时回宫理政。从这个意义上而言，华表亦有进谏的含义。

采风纳言

——虚心求谏代有传

上古时期除了有个别君主接受进谏的例子外，更多的是通过民间舆论对君主进行监督，进而设置有关官员到民间采风以纳言。这也是当时对君主进谏的主要方式。此外，还有通过谥号以及史书等方式对君主予以监督。

据史载，黄帝立明台、大禹立谏鼓、周武王设灵台等，都是君主用以采察民意与求贤纳谏的方式，被视为古代言谏制度的起源。在原始社会，舆论监督是监督的主要形式。舜时设纳言之官，任命龙作纳言，以执掌监察职能。

在君主加强对官员与地方诸侯监督的同时，官员与普通民众也对君主加强进谏以实现对君主的监督。夏商周时期，君主大都能认真接受臣下与群众的监督。夏朝为接受公众的监督，特地派遣专门人员摇动木铃，到乡下广泛吸取民众的建议。即派遣遒人持木铎，专门负责收集百姓的舆论与意见，了解民情。

西周时期更加重视臣下谏议对朝廷执政的监督和矫正作用。谏议的主要人群有贵族、专职官员与平民等。史书中有多处天子决策受到公卿进谏的记载。

西周时设有专职官员小司寇，专门负责询问民意。国家遇有重大问题与重大决策时，由小司寇等官吏征求国人意见。周厉王不准民间发表意见，“防民之口甚于防川”，最终被流放而死。

西周时设采诗官（又称“风人”或“行人”）到民间采诗以观民风，以诗歌作为舆论监督媒介。《诗经》即是采诗观民风的舆论监督的积淀物，收录了西周初年至春秋中叶（公元前11世纪至公元前6世纪）的诗歌，后孔子将诗歌删辑为三百余首。《诗经》在先秦时期称为《诗》或《诗三百》，西汉时期被尊为儒家经典，始称《诗经》。

至汉代，民谣仍是一种具有特色的监察方式。西汉时期设风俗使。东汉时皇帝或监察官员派使者深入民间，采访评价地方官员政绩优劣的民谣，作为朝廷考课官吏和实施监察的重要依据。在官方渠道了解信息的基础上辅以民谣，以全面了解相关信息。

如何有效加强对君主的进谏，自古以来均是个难题。除了君主在位时臣下对君主的进谏外，在西周初期给予逝去的君主谥号，对君主一生的功过予以评定。所谓谥号，就是用一个字或几个字对皇帝、大臣等人的一生作一个概括性的评价，所谓盖棺定论。

皇帝的谥号是嗣位皇帝赠予，末代皇帝的谥号由下一王朝的帝王追赠。清代追赠崇祯帝的谥号为钦天守道敏毅敦俭弘文襄武体仁致孝庄烈愍皇帝，而南明政权给崇祯帝的谥号则是绍天绎道刚明恪俭揆文奋武敦仁懋孝烈皇帝。

据说周公当政时形成谥号制度。谥者，即行之迹也。在西周中期、周穆王时期谥号较为普遍。谥号有美、恶之分。对君主的谥号经过精挑细选，以说明君主的一生功过。

西周有恶谥号的君主有周幽王与周厉王。周幽王为西周末代君主。周幽王十一年（公元前771年），周幽王被犬戎杀死，西周灭亡。周厉王禁止臣民发表意见，而不知“防民之口甚于防川”，其被流放身亡的教训亦足可鉴。

史官监察是在特定的历史背景与政治环境下，逐渐形成的一种对君主和各级贵族监督的制度。主要是通过史官对历史的如实记载，将君臣的善恶行为载入史册，客观上发挥了对君臣行为的监督作用。所谓孔子成《春秋》而乱臣贼子惧。

言谏滥觞

——逐步演进显功效

春秋战国时期诸侯各国忙于战争，虽然有的国家设置了负责监察的官员，而且一些诸侯君主虚心纳谏，但言谏制度总体处于萌芽发展状态。这一时期百家争鸣，监察思想蓬勃发展，包括管仲、韩非等法家关于加强吏治加强监察以及成立独立监察机构等思想，虽然在当时并未得到很好的贯彻，但其思想对后世的影响极为深远。

法家并不仅仅是主张监督官吏，强调在监督官吏的同时也要对君主进行监督。君主由于自身的局限性，必须任用谏臣，用官吏包括群众的智慧以弥补自身不足，为此有必要专门设置负责进谏的官员。管仲认为，臣下必要的时候要死谏，而君主要虚心纳谏。

其他思想流派也强调加强对君主的进谏。墨子指出，当君主有过错时必须进行进谏，这也是为臣之道。荀子认为，君主要先国而后己，臣子要做谏臣诤臣，而君主要虚心纳谏。《吕氏春秋》进一步指出，天下非一人之天下，而是天下人之天下，因此臣下要向君主进谏。

对君主的劝谏在春秋战国时期较为流行。如楚庄王不鸣则已，一鸣惊人，无盐谏齐宣王，宫之奇谏假道，蹇叔哭谏秦穆公，邹忌讽齐王纳谏，李斯谏逐客令等，均是这一时期有名的进谏君主的故事。明确对君主劝谏的制度，一般认为是春秋时期齐桓公管仲当政时。

管仲建议齐桓公设立大谏之官，专司谏议之职，以鼓励臣下对君主的过失提出批评。管仲推荐东郭牙担任大谏一职，称东郭牙敢于犯君颜色进谏必忠，而且不避死亡不重富贵，因此推荐东郭牙担任大谏。齐国还设置大行一职，以监督朝会、祭祀与接待其他国家的来使等，这也是后代殿中侍御史监督朝会礼仪的雏形。其他诸侯国先后设置谏议官员，如楚国设箴尹司箴谏之职，赵国设左、右司过掌谏议。

汉代以后，独尊儒术更是推崇进谏与纳谏，强调君主对言官的进谏要采取嘉纳和宽容的态度。

历代王朝大多遵循不杀言官的传统，均视杀言官为亡国之兆。随着儒家逐步确立主导地位，官员在接受儒家思想教育的情况下更倾向于向君主进谏，甚至不惜身家性命。

对君主的劝谏制度，后来进一步发展为制度严密的言谏系统。言谏系统与御史系统一起，成为监察制度的两大重要支柱。

秦统一天下后焚书坑儒，大力镇压士族阶层的议论，对进谏的臣子以诽谤定罪，舆论监督几乎灭绝。秦始皇长子扶苏曾谏劝秦始皇，秦始皇不但不听，而且把扶苏发配至北方监军。

秦始皇虽然控制舆论监督，但首创言谏系统，设置言谏官员包括谏议大夫与给事中。谏议大夫职掌议论，无定员，多至数十人。给事中职掌顾问应对，为皇帝决策提供顾问。给事中因执事殿中，故名给事中。给事中属于加官，由大夫、博士、议郎兼领，也无定员。

所谓加官，指本官外再加一官称，以示加官者有额外权力或参与某种特殊行政事宜，以示宠信或承担某项职责，但并无相应俸禄以及车马等待遇。从秦汉时起形成了较为完备的加官制度，如设给事中、散骑常侍、侍中等专用加官名称。

此后有的加官名称消失，有的演变为正式官称，如给事中。至唐代加官已无专名，凡是正式官称在原则上都可用为加官称号。加官主要功能在于奖励功劳，所加官职与是否有此官职权没有关系。地方官可加中央官称，中央官可加地方官称，也可加临时官称。遥领为加官形式之一，用于中央官员领地方职但不到任，为荣誉性虚称。

对谏官而言，凡朝政得失皆可议论谏诤，但实际上并非如此。秦未统一全国前具有良好纳谏的先例，如李斯的《谏逐客书》。《谏逐客书》源起于韩国人郑国建议秦国开渠损耗民力，以使秦国无暇攻击韩国。虽然郑国渠对秦发展农业发挥了重大作用，但嬴政看破其本意后大怒，进而驱逐其他国家之人，因李斯上书而收回逐客之令。秦统一全国后进谏流于形式，秦始皇常将群臣的劝谏和议论作为诽谤、妖言，对有敢谏者横加诛戮。

秦设置议事制度以听取众臣建议。议事制度主要用于讨论军国要务，逢有重大事情召集丞相、太尉、御史大夫等诸臣议政。秦初定天下时，议事制度一定程度上发挥了作用。通过议事制度确定帝号为皇帝，并废分封而置郡县。秦始皇召集诸臣讨论分封诸子时，大多数朝臣都建议分封设置诸侯，独有廷尉李斯建议设置郡县。秦始皇听取李斯建议，天下设立三十六郡，后增至四十一郡。

三国之前，给事中、谏议大夫等既非专职谏官而且品秩不高，也没有独立的官署，主要职责是掌顾问应对。晋代创设门下省为独立言谏机构，下设散骑常侍、给事中等多名专职言谏官员。散骑常侍掌规谏，给事中掌顾问应对。谏议大夫专职规谏，为正员而非加官。谏议大夫也可由其他官员兼领，如傅咸担任司隶校尉和御史中丞时即曾担任谏议大夫。在谏官组织规范化的同时，谏官品秩有所提升，且人数也有相应增加。

东晋时给事中不仅具有纠举百官之权，而且和御史中丞等监察官员相互监察。至南齐时期谏官组织脱离门下省，成立了以规谏匡正为职掌的谏官组织即，集书省。自南梁时起，给事中开始具有对诏书的封驳之权。给事中职能进一步扩展，为此后言谏系统的逐步成熟奠定了基础。

拾遗补阙

——位卑权尊重进谏

在唐代前期言谏系统发展的基础上，武则天时期言谏系统进一步发展。武则天主政时设置拾遗、补阙。拾遗、补阙作为低级言谏官员，更有利于发挥其进谏的作用，大大推动了言谏系统的发展成熟。

武则天于垂拱元年（685 年）设置的拾遗、补阙，最初并无定员，数量较多。武则天曾一次任命石艾县令王山耀等六十一人担任拾遗、补阙，当时有谚语“补阙连车载，拾遗平斗量”。

唐玄宗时正式确定拾遗、补阙编制。确定左拾遗、左补阙各二员，属门下省；右拾遗、右补阙各二员，属中书省。补阙为从七品上，拾遗为从八品上。拾遗、补阙作为谏官职掌供奉讽谏等事，对进谏之事大则廷议小则上封。

拾遗、补阙品秩很低，但其职责很重要。之所以将品级定得较低，就是期望其因品秩较低而无所顾忌进谏，正可谓其选甚重而其职甚卑。

正如白居易在担任左拾遗后所上的谢恩表中所言，大凡人之情，位高则惜位，身贵则爱身，惜位则偷合而不言，爱身则苟容而不谏。所以，拾遗以其秩卑而位不足惜、身不足爱。因而朝廷重拾遗之选，使其下不忍负心，上不忍负恩，拾遗之位不足惜而恩不忍负，才能有阙必规、有违必谏，对朝廷而言，方可得失无不察且天下利病无不言。

白居易于元和三年（808 年）担任左拾遗，以“兼济天下”为己任。别的官员每月领的谏纸都用不完，他领的谏纸却不够用。进谏以外还写下不少讽谕诗，得罪了不少人，乃至权贵侧目变色而执政扼腕切齿。

白居易屡次上谏，让唐宪宗很是不爽。唐宪宗对宰相李绛说，白居易是我提拔的，还对我这样不敬，实不可忍。李绛马上对皇帝说，白居易直谏说明他的忠心，如果因此治他的罪，其他人就不敢说真话。李绛又说，白居易不避死而进谏，也是酬陛下拔升之功。经李绛解释，唐宪宗才对白居易不予计较。元和五年（810 年），白居易被任命为京兆府户曹参军，虽然提拔，但不再担任谏官。

元和十年（815 年），宰相武元衡被刺杀，刑部侍郎裴度亦被刺成重伤。白居易时任左赞善大夫，上书“急请捕贼，以雪国耻”。因其已不再担任谏官而上书，被人弹劾而被贬为江州刺史。在赴江州刺史之任的道上，又有人上疏追论白居易平时言行过错，于是追贬白居易为江州司马。其任江州司马期间写下著名的《琵琶行》，其中有句“江州司马青衫湿”。

唐代御史有时亦承担进谏责任，如皇帝有言不当或敕命有失，御史可以通过不受命以纠正皇帝过失。唐高祖李渊时有一个官员犯法罪不当死而判其死刑，监察御史李素立进谏。李渊无奈接受其意见赦除该官员，同时升李素立为侍御史以示表彰。

唐高宗李治时王立本犯罪，李治本想袒护，侍御史狄仁杰指出，何惜罪人以干王法，终将王立本治罪。武则天时三月长安城下大雪，大臣苏味道认为是瑞雪，要率领百官入廷朝贺。但殿中侍御史王求礼坚持不可，质问如果三月雪为瑞雪，那么腊月雷是不是瑞雷？在王求礼的坚持下，武则天免除百官朝贺之仪。

武则天时李邕为左拾遗，御史中丞宋璟弹劾张昌宗谋反，但武则天不予理睬。李邕在殿阶下大叫，宋璟所奏有关社稷，陛下当听。武则天听到李邕所说，即准宋璟之奏。李邕出殿后有人提醒他，你位卑，如果忤旨恐有不测之祸。李邕回答，如果不这样做也不会名传青史。

李邕这种进谏以求名垂青史的做法在一定时期较为普遍，尤其是宋代和明代，这种做法一定程度上导致进谏官员为进谏而进谏，实无益于朝政。开元后期，李林甫指示御史中丞杨慎矜等人诬陷李邕，李邕被杀。

武则天总体上善于纳谏。武则天当权时期内

宠较多，右补阙朱敬则进谏称，志不可满、乐不可极。武则天不但不怪罪朱敬则，反倒称非卿直言朕不知此，赐彩百段。后朱敬则看天下大定，上疏称众心已定宜省刑尚宽，以使天下苍生坦然大悦。武则天欣然采纳，并赐帛三百段。

右拾遗张德生子，当时禁止杀羊，张德却私杀羊宴请同僚。补阙杜肃应邀大吃，但吃后即上奏弹劾张德杀羊。武则天先恭喜张德得子，又责问张德羊肉从何来，张德服罪。武则天又说，以后请客亦当择人，并告诉张德是杜肃告密。杜肃大惭，不耻于世人，“举朝欲唾其面”。

裴度历任御史大夫、宰相等职，为唐宪宗时宰相，荐引李德裕、韩愈等名士，重用李愬等名将，政绩显赫。史称，其身系国之安危与时之轻重者二十年。但在晚年时借用谏官以求自保，推荐韦厚叔、南卓为补阙、拾遗，随世俗沉浮以求避祸。这也从侧面说明补阙、拾遗的重要性。

杜甫、白居易都担任过左拾遗，杜甫因担任过左拾遗被人称为杜拾遗，后被讹传为“杜十姨”。宋人笔记中曾记，温州有土地杜十姨无夫，五撮须相公无妇。当地人迎杜十姨以配五撮须，合为一庙。而杜十姨实为杜甫，五撮须实为伍子胥。杜甫担任左拾遗的第一个月，即因进谏而被贬为华州司功参军。李白亦曾任拾遗，唐代宗登基后任命李白担任拾遗，但其时李白已经去世。

台谏合一

——台谏互通强监督

宋代皇帝防臣下甚于防外寇，为防止大臣结党作乱，对台谏之任极为重视，强调必须养台谏之锐气并赋予重权，以有效制衡宰执大臣。宋代以前，御史系统和言谏系统相对独立；至宋代，为有效控制臣下尤其是宰执人员，御史与言谏官员职能趋向统一，史称“台谏合一”。

谏官属门下省和中书省，分别设左右谏议大夫、左右司谏与左右正言等谏官，职掌谏诤之权。言谏机关除对皇帝献纳谏正与封驳诏书之外，主要是监督百官。为充分发挥监察官员的作用，规定御史亦可言事，谏官也得纠弹，即台谏合一，以重点加强对宰相的监督，严格限制相权。

宋代中书门下长官平章事行宰相事，一般设二至三人，无定员。另设参知政事为副宰相。参知政事也称为“执政”，主要作用为牵制宰相。宰相与执政合称“宰执”。

宋代监察官员在谏劝皇帝与弹劾大臣时不达目标誓不罢休。言谏风气浓厚，涌现出一批敢于直谏的名臣，如寇准、包拯、赵抃等。

寇准为人刚直，一次奏事宋太宗听不进去要离开龙座，寇准扯住皇帝衣角非要把话讲完。包拯屡屡犯颜直谏，有时唾沫星子都飞溅到宋仁宗脸上。赵抃号称“铁面御史”，不畏权威，为世所重。

宋代允许谏官弹劾大臣，是力图防止宰相专权而采取的一种在皇帝直接控制下的权力监督措施，希望通过强化谏官的权力以遏制群臣。台谏权明显扩大，只要台谏弹奏，相应被弹奏人员就会有贬官等处分，宰相被弹劾一般都要免职。

谏官由皇帝直接挑选与任命，不必经过宰相推荐。谏官不受宰相控制，直属于皇帝。谏官之设本意在进谏君主，对皇帝进言才称谏。宋代谏官由进谏匡正君主变为主要监督宰相，成为皇帝监督大臣尤其是宰相的重要工具。

经常有宰执因小事被弹劾。宋仁宗时，宰相吕夷简朝会三跪九叩时，因为年老少磕一个头，被御史弹劾其藐视君主，结果被免职。宋英宗去世后，参知政事欧阳修因过于匆忙没有换下紫色官袍，而只是套上了一件白色丧服，结果被御史弹劾。虽然宋神宗亲自为欧阳修解释，但在御史一再坚持下，欧阳修被免去参知政事。

王安石任参知政事推进改革时，谏官范纯仁上奏王安石变祖宗法度而民心不宁，虽无实据，宋神宗亦予以表扬。王安石变法期间，大批贬斥监察官员。知谏院钱公辅不同意王安石盐法，罢谏官出任江宁府知府。谏官唐坰原为王安石引荐，但因数论王安石之罪被贬谪而死。

谏官对百官的谏诤是皇权制约相权的重要措施，因此皇帝对言事者采取积极保护的措施。即委任台谏未尝罪一言官，纵有薄责也旋即超升。谏诤者也可因名动天下而有更好的晋升机会，正如苏轼所言，鼓励谏官发挥作用是以折奸臣之萌。

监察官员与宰相之间形成抗衡，虽然有效限制了相权，但在一定程度上也导致效率低下，影响到政事。在台谏交相弹劾的政风下，国家大政方针摇摆不定，庆历新政以及王安石变法均受此影响。宋英宗时监察官员与宰相的矛盾不断激化。吕公弼曾就此进谏，称谏官与御史为耳目，执政为股肱。股肱与耳目必须共同发挥作用，才能身安而元首尊。

宋神宗时设门下后省，给事中为门下后省长官，专掌封驳。给事中封驳之权往往受制于谏官，以形成言谏机关内部的相互制约机制。王安石变法时，韩琦论新法之害，诏命王安石明白回奏。范镇知通进银台司五次封还诏书，为王安石推行变法竭尽心力。苏轼任杭州通判时，江浙水灾严重，上疏请求豁免钱粮并赈灾，而侍御史贾易认为苏轼姑息邀誉，令其出具实据。诏下，给事中范祖禹予以封还。

为防止台谏与宰相勾结，规定谏官例不与宰

相相见。元祐四年（1089 年），太皇太后命宰相吕大防传话给台谏官员刘安世等人，就遭到吕大防拒绝。皇帝一般是对谏官监督弹劾宰相包括其他官员采取保护措施。台谏官对皇帝的批评谏议大大削弱，而对宰相的指责抨击不断，故当时台谏有乌鸦之讥。

宋代谏官谏诤的重点虽然是大臣，但并非完全放弃对皇帝过失的规谏。宋代许多皇帝大多能接受劝谏。明道二年（1033 年），宋仁宗欲废郭皇后，知谏院孙祖德等人进谏不当废。宋英宗时，欲尊生父濮安懿王为亲，御史中丞彭思永、知谏院傅尧俞等人谏诤宋英宗不应称濮王为皇考。

谏官进谏也会过犹不及，尤其是需要迅速决策时，谏官进谏可能导致事情不利。王安石变法屡受谏官干扰，司马光也厌恶喋喋生事的谏官。司马光强调谏官除不爱富贵爱惜名节外，还特别强调要晓知治体，不能凡事喋喋不休。为有效控制台谏，防止其权力过大，规定台谏要接受尚书省监督。

六科给事

——旧壶新酒监六部

明代设六科给事中以加强对六部的监督，言谏系统发展到一个新的高度。给事中产生于秦，明代设立的六科给事中虽有给事中之名，但其实际职掌远远超出以前朝代的给事中，可谓旧壶新酒。

明初沿汉唐旧制，谏官组织属于中书省。洪武十三年（1680 年）废中书省，设置谏院负责言谏。谏院属官有谏议大夫、给事中等。洪武十五年（1682 年），为加强对六部监察，废谏院，设六科给事中。六科，即吏、户、礼、兵、刑、工科。各科设都给事中一人，正七品，左、右给事中各一人，从七品，另设给事中四十人，从七品分属六科。

六科给事中是直属皇帝的独立监察机关，有单独衙署，独立于都察院。都察院虽然是最高的监察机构，但并不领导六科给事中。都察院与六科给事中相互制约、相互监督。

六科给事中位卑仅是七品，但位卑权重。位卑权重才无所顾忌，不避权贵，敢言敢为，振肃吏治。六科给事中掌侍从、谏诤、补阙、拾遗、审核、封驳诏旨，驳正百司所上奏章，监察六部诸司。六科给事中每科根据各部业务，分别执掌相应职能。此外，凡大事廷议、大臣廷推、大狱廷鞫等，六科掌科给事中均可参与。

明武宗正德年间，刑部主事王守仁即王阳明，上疏为南京给事中戴铣求救。结果惹怒刘瑾，王守仁被廷杖四十，谪贵州龙场驿丞。王阳明被谪贵州后悟道，成一代宗师。

六科给事中权力重大，有科参之权。凡内廷拟旨下六部有不当之处，给事中可驳正缴还重拟，称为“科参”。科参是六科给事中的中心工作。顾炎武指出，明代虽罢门下省长官，而独存六科给事中以掌封驳。旨必下科，其中有不当之处，给事中即驳正到部。六部之官没有敢抗科参而自行其事者，给事中品卑而权特重。明中后期有皇帝常年居宫中不出，而国家运转如常，往往赖科参之力。

皇帝临朝时六科给事中轮流值日，立殿左右珥笔记旨，即承元制兼任起居注的部分职责。每日还以给事中一人同锦衣卫人员轮值登闻鼓。

明代有驾帖之制。锦衣卫等部门抓人以及对官员实施杖刑时，需要由刑科给事中签出驾帖，才能实施。厂卫带驾帖提人，必须由刑科佥批。万历时神宗怠政，天下官员有缺不补，以致驾帖发出刑科没有给事中而没法佥签。刑科没有给事中佥签时，锦衣卫也不敢率尔抓人。

明神宗晚年官缺多不补。旧制给事中五十八员，御史一百一十员。而明神宗末年六科给事中只有四人。刑科给事中缺员时，则不得不由其他科给事中代理，以免无人佥批。万历三十三年（1605 年）七月，即命户科右给事中梁有年暂署刑科印务。崇祯时出现不佥签直接拿人而后补手续的情况。崇祯五年（1632 年）为防止泄露机密，规定就近拿人不用佥签。

六科给事中屡有进谏，决定国家大政方针。弘治十七年（1504 年）给事中徐天锡进言，建议京官考察以六年为期。明孝宗采取其建议，六年京察成为定制。

明代科举考试发展逐步趋于成熟，为平衡不同地区录取名额问题，宣德、正统年间将科举考试分为南、北、中三卷，百人之中大致是南卷取五十五名、北卷取三十五名、中卷取十名。后取消，诏令取士不分地区。在给事中李侃、徐廷章的连续进谏下，恢复按南、北、中卷取士的规定，而且被清代所延用。

皇帝对六科给事中劾奏诸百官违失加强督责，稍有怠惰就以失职从重论处。明世宗时，工部尚书赵文华之子违礼被弹劾，赵文华被贬为民，其子戍边。并追究礼科都给事中失纠劾的责任，都给事中谢江以下六人都被廷杖革职。明神宗厌恶东厂太监张诚，认为给事中缄默不言失职，下令六科都给事中全部降三级，给事中耿随龙等十九人外调，留者停俸一年。

也有官员不满给事中权重。明熹宗时阁臣刘一璟就对给事中颇为不满，称任天下事唯六官，言路张则六官无实政。六科言官对行政干预过分，也有越权之事，赵兴邦任兵科给事中，干预兵事机宜，侵扰国政。

有的皇帝也刻意打压给事中。惯例给事中外调必担任知府，无担任知府副职的。明宪宗成化年间，兵科给事中萧显因事忤旨，吏部秉承旨意，任命萧显为贵州镇宁州同知。宁州本无同知之设，特增设此职以授萧显。

六科给事中品秩不过七品，虽位卑但不以为屈。奏本由六部、都察院、通政司、大理寺与六科都事中连署，仅七品衔的都给事中与九卿并列。给事中制度既钳制了六部的权限，又防止都察院职权过重，有利于皇帝从中操纵。明代在相当长时期没有出现大的紊乱而能延续二百七十余年，很大程度上有赖于六科给事中在严格审核国家政令中所作出的贡献。

科道官员虽然在澄清吏治方面发挥着良好的

作用，但是至明中晚期，监察官员的弹劾过于纠结小事，且逐步有结成朋党之势。明末诸官员各立门户结党互攻争胜，科道诸臣不问难易不顾死生，专以求全责备，使当权诸臣虽有长材也难以展布。明代后期科道官员大多不度时势、不问是非，徒逞臆见为弹劾而弹劾，被批评误人家国而不顾。

正如《明史》所批评，居言路者各自结党，当时并不担心言官不言，而担心其心存私心，结果进言越多国家越乱。正因如此，清代特别警惕明末言官结党的乱象，而对监察官员刻意打压，以防止其结党营私。

科道合一

——言谏消失防恶习

清末入关前设都察院，因战事繁忙等原因，直至定都北京后才设六科给事中。最初六科给事中为独立机构，独立于都察院。雍正初将六科给事中并于都察院，即“科道合一”。

雍正五年（1727 年）起，六科给事中专由监察御史升迁担任。最初六科给事中人数无定员，康熙三年（1664 年）后每科满汉给事中各二人。最初给事中满人四品，汉人七品，雍正七年（1729 年）均定为正五品。

雍正二年（1724 年），雍正帝以明末给事中以无所隶属益得恣情自肆为由，将六科并入都察院。六科并入都察院后，六科内升外转开始隶属都察院。科道合一意味着监察体制的重大改变，无论在监察制度发展史上还是在清代政治发展史上均有着重要影响。

雍正元年（1723 年），雍正帝通过都察院请示其他事务之机，将六科掌印给事中的拣选权交由都察院负责。雍正二年（1724 年），正式规定六科给事中隶属于都察院，令都察院兼辖六科。

六科给事中隶属都察院后，给事中派遣城、仓、漕、盐与御史并差，差遣职务几乎等同于御史。给事中本职包括传达纶音、稽考庶政、封还执奏等事，只是军机处权力扩张后，六科给事中之原有封驳职能名存实亡。

雍正帝即位后大刀阔斧推进改革，同时需要尽量降低来自言谏官员的阻力。将六科给事中并至都察院，即可有效限制给事中的进言之权，进而有效减少改革的阻力。

雍正帝时期监察御史职能不断加重，为有效加强监察也有必要将六科给事中并入都察院，使六科给事中与监察御史共同执行监察职能。将六科隶属都察院，可以使给事中与御史同差派遣，进一步强化监察力量，有利于更好地发挥监察机构的作用。

在康熙末期诸子争位的过程中，有六科官员参与其中，礼科给事中秦道然即为九皇子允禟的亲信。明末给事中与御史在党争中扮演了很不光彩的角色，明末科道官员恶习带至清初，清代对其深恶痛绝又极为警惕，一直强调要防止明末监察官员恶习。雍正帝通过将六科并入都察院，加强对六科的控制，以消除党争，巩固统治。

从古代监察制度史发展的角度而言，虽然六科并入都察院取消了长期存在的言谏系统，但对整合监察功能以及更充分发挥监察制度的作用有其积极意义，这也是终清一代六科给事中未能再独立的根本原因所在。

对科道合一雍正帝或许早有预谋，其登上皇位后即抓住时机推进科道合一。虽然有给事中反对，但无济于事。给事中崔致远、王澍等人哓哓陈奏抗疏坚决反对，称科臣掌封驳品卑任重，如果归属都察院则废掉科参之事，而且六科稽察都察院也不便令其归属都察院，但都不为雍正帝所采纳。

由于六科给事中并入都察院影响深远，乾隆初仍有给事中认为不妥。乾隆帝即位后，给事中曹一士仍上疏反对六科并入都察院。曹一士称，六科独主封驳以补阙、拾遗，虽与御史同为言官，但御史职在监察百司故居于外，六科职在宣行制敕，故居于内。因而建议考正六科之制，一切悉还其旧，但不被乾隆帝采纳。

六科并入都察院并不意味着谏诤的完全消失，这只是专职封驳的官员不复存在，科道官员以及其他高级官员仍有谏诤之职。清朝皇帝亦屡屡下诏求言，尤其是初即位时更是如此。乾隆帝曾称，皇帝之一身岂能保无阙失，正赖廷臣直言匡正而以勷不逮。乾隆帝于乾隆四十三年（1778年）在大清门阶上立木架如灯座式即谏木，令进谏者置奏书于其上，即仿照古代立谤木求言的遗意。

六科官署在紫禁城端门以内。御道两侧明清两代是六科垣舍，也称“六科廊”，即吏、户、礼、兵、刑、工六科办事机构所在地。吏、户、礼科西向，兵、刑、工科东向。

清光绪三十二年（1906年）改革官制，六科给事中只称给事中，不再分科。设都察院给事中二十人，不再分满汉。其中设掌印给事中二人，正四品。其他给事中十八人，仍为正五品。

六条问事

——重点多数二千石

汉初地方监察制度未承秦制。刘邦分封诸子为王，没有像秦朝那样设监御史监察地方。汉惠帝时派遣御史监察地方，最初只是派御史监察京城附近，后正式设置监御史。

为发挥监御史的作用，制定《监御史九条》。规定监御史的职责共九条，包括察诉讼者、盗贼、伪铸钱者、徭役不平、吏不廉等。监御史每年十月去地方监察、十二月回朝奏事，监察范围较广，难以突出重点，监察效果有限。

汉武帝即位后，着手加强地方监察。元封元年（公元前 110 年），废监御史。元封五年（公元前 106 年）分全国为冀、幽、并、兖、徐、青、扬、荆、豫、益、凉、交趾、朔方共十三个监察区，称“十三部州”，每部州辖十余郡不等。每部设刺史一人，负责一州的监察工作。这样地方监察制度即刺史制度正式成立。

刺史制度的一大特征是其属于中央监察体系，由中央派驻地方监察，受中央领导，与地方无关，以充分保证刺史的独立性。刺史官位不高，年秩六百石，虽然官秩卑下，但拥有代表朝廷监察地方上年俸二千石以上官员包括诸侯王在内的权力。

刺史加强对二千石以上郡守的监察，并不意味着对郡守以下的官吏放松监察，郡守以下官吏由郡守负责监察，通过分层授权构建完整的监察体系。

刺史在《六条问事》的基础上独立行使监察权，直接对中央负责。《六条问事》明确规定刺史的六项权力：

一条，强宗豪右田宅逾制，以强凌弱，以众暴寡。二条，二千石不奉诏书，遵旧典，倍公向私，旁诏守利，侵渔百姓，聚敛为奸。三条，二千石不恤疑狱，风厉杀人，怒则任刑，喜则淫赏，烦扰刻暴，剥截黎元，为百姓所疾，山崩石裂，妖祥讹言。四条，二千石选署不平，阿附所爱，蔽贤宠顽。五条，二千石子弟恃怙荣势，请任所监。六条，二千石违公下比，阿附豪强，通行货赂，割损政令。

刺史的首要任务是“周行郡国，举刺不法”，在监察郡守和诸侯王有无违法行为的同时还要考察其政绩。刺史监察重点二千石以上，即主要监督郡守、郡尉以及诸侯王等。汉武帝时期土地兼并严重，刺史重点查处田宅逾制，目的是制止地方土地兼并与平息社会矛盾。第二条与第三条重点打击贪官暴吏，维护皇权统治。第四条从吏治角度，强调用人的重要性。第五条针对官员的子弟进行打击，以防止官员子弟为非作歹。第六条是为严防官吏与地方勾结，防止地方尾大不掉。在当时实施举荐制推举官员的情况下，被刺史举荐也是入仕为官的重要途径之一。

《六条问事》在中国监察史上具有重要意义，是第一份具有规范作用的地方监察法规。其中有一条重要的规定，即“六条以外不问。”刺史考察地方官员有明确的范围，超过这个范围就不属于监察内容。《六条问事》对推进汉代地方监察发挥了积极作用，为后世加强监察立法奠定了基础。

《六条问事》涵盖了需要重点监察的领域，符合加强地方监察的实际需要。从实际情况而言，刺史监察发挥了良好作用。

《六条问事》重点针对当时在经济基础、选官用人、土地兼并、地主豪强等方面存在的突出问题，为刺史有效监察地方提供了依据与准则。明确规定刺史只在六条范围内实施监察，既是为了防止刺史利用监察大权作威作福干预地方官员的正常事务，也为防止刺史出现苛烦生事及因小失大等问题。

汉哀帝时鲍宣担任豫州牧，越权举察下属官员犯法，被丞相司直郭钦弹劾，鲍宣被免职。汉成帝时朱博为冀州刺史在行部时，有数百人检举案件，他派人告知民众，刺史只查两千石以上，举报两千石以下的请到所在郡守举报，举报二千石的请到刺史治所。

刺史仅秩六百石，监察二千石之地方官员，以小监大、以卑临尊，大小相制、内外相维，也使刺史勇于行使监察之权，既上报国家，也对个人升迁与名声等具有积极作用。

《六条问事》影响深远。隋代制定地方监察法规《巡察六条》，主要包括监察官吏是否守法以及举荐人才等。监察地方重点是地方官员的理政能力与贪残害政情况，并包括镇压盗贼、征收赋役、举荐人才等。隋代《巡察六条》把考察地方官的行政办事能力和廉洁爱民放在首位，并将所有有品秩的地方官员置于监察之列，刺史权力更大、监察范围更广。

唐代也以《巡察六条》巡察地方。唐代《巡察六条》主要通过吏治、户口、财政、生产、治安、人事、司法等方面政绩的稽察，对地方官吏的品行作出评价，然后报由皇帝奖惩。《巡察六条》对加强地方整治发挥了积极作用。武则天时期，为加强地方监察，镇压地方反对势力，曾制定《巡察条例》四十八条，后废除，仍以巡察六条巡察地方。

宪台格例

——应查尽查彰权威

为充分发挥监察制度的作用，使监察行为有据可依，至元五年（1268 年），侍御史高鸣主持制定御史台纲《设立宪台格例》三十六条。《设立宪台格例》是第一部完整的中央监察法规。

元代在监察立法上作出了重大变革，除了监察机构的职权外，对其他有关监察方面的重要内容也作了明确规定。元代以宪纲的形式规范中央监察主体，规定了监察的对象、职责、纪律和奖惩情况，对推进监察制度完善具有积极意义。

至元六年（1269 年），结合地方监察机构特点制定了《察司体察条例》等，后又陆续制定《行台体察条例》等法规。相关法规有效推进了监察制度发挥应有的作用。

《设立宪台格例》是御史台行使监察权的基本法规，分宪纲、条例两部分。宪纲部分，主要规定御史台职权范围和地位，可以弹劾中书省、枢密院、制国用使司等内外百官奸邪非违，肃清风俗，刷磨诸司案牍，并监察祭祀及出使之事。条例部分，分列纠察事项二十条，其他还有纠弹事项、体究事项、推纠事项、体察事项、纠劾事项、照刷事项、罚则等，共计三十六条，均为纠正百官违失、惩处百官非法的法规。

《设立宪台格例》明确了规定监察官员的职权与对违法失职处罚，凡军民士庶、诸色户计所在官司不能认真履行职能，导致军民困苦、有重大冤情以及官员贪赃卖法等情况。如果肃政廉访司、御史台能用心纠察，则有升迁奖赏。如果罪状明白而肃政廉访司、御史台不纠弹的话，且有受贿等情况，肃政廉访司与御史台相关人员的罪要比常人加重。

为防止冤案，允许上告，对上告程序作了明确的要求，要求逐级上告、分类上告，而且不得诬告。逐级上告指诉讼人先自下而上依次陈告，不得越级上告。分类上告指根据事情类别分类上告，民户经左右部、军户经枢密院、钱谷经制国用使司。严格禁止诬告，诬告者交提刑按察司惩处。逐级上告、分类上告及不许诬告等虽然并不能杜绝冤案，但对于减少冤案还是发挥了一定的作用。

为保证监察官员发挥作用，如监察官员的奏章有不当之处亦不加罪。禁止侵扰监察官员的正常工作，违者治罪。被弹劾者不得挟仇诬告，否则治罪。栽赃陷害监察官员者，也要治罪。同时规定，原为其僚属后升为监察御史的，不得妄告自己从前的同僚与上级。

监察官员的监察规范和考核是保证监察活动开展的必要条件。监察规范主要包括：监察官员必须服从御史台指挥，违者断罪；监察官员应敢于如实纠弹不法行为，知而不举劾者给予惩处，所受处罚不与失职官员相同，而是减罪五等。

监察官员不得接受贿赂，若有犯罪加罪一等。且经赦不赦，经减降不减降。监察官员凡察到公事在职权范围内能问则问，而问题重大的则要上报，不得擅自裁夺。监察御史在巡察之处，不得求娶妻妾等。

监察条例规定了对监察官员考核的标准。《察司合察事理》规定，监察御史任满，验所察事件大小多少定拟升降。镇静、谙知大体、所言得实、民无冤滞，为称职。如果苛细生事、暗于大体、所察不实、民多冤滞，为不称职，视其实迹，呈省定夺。对声迹不好者，由御史台负责察实。

《设立宪台格例》对应予纠弹的事项明确予以了规定。奸邪非违是御史台弹劾的主要对象。对刑名违错、赋役不均、擅自科差及造作不如法者，户口流散、农桑不勤等，监察机关都应予以纠弹。弹劾对象包括中书省、枢密院、制国用使司等中枢机关，因老弱疾病不能胜任现职的官吏也在纠劾之列。

《设立宪台格例》最后一条规定，该载不尽、应合纠察事，理委监察并行纠察。这一条赋予监察机关以法律规定以外的应合纠察的权力。

明确规定监察官员行使纠举弹劾权时，不允许其他机构或者官员干涉，进一步提升了监察官员的独立性。

元仁宗时铁木迭儿受贿，监察御史黄肯播对其弹劾，罢铁木迭儿事政，黜其党羽。于是黄肯播名震天下。元代统治者视御史台医左右手，但一旦触犯君权无疑引火烧身。元顺帝时，御史中丞和御史大夫弹劾右丞相，元顺帝不但不听，反倒黜御史大夫为江浙左丞相。元世祖时左司郎中言事令元世祖大怒，先杖一百，然后斩之。

元世祖制定实封言事制度。至元二十四年（1287年），元世祖授叶李为御史中丞兼商议中书省事。叶李固辞，称但愿进奏谏言，元世祖同意，由此御史台得实封言事。实封言事即指御史封事须至御前开拆。此前，凡御史台上封之事须经审核，宜奏者呈进，不宜奏者存档。

照刷文卷是监察官行使监察权的重要方式之一，通过刷磨案牍可以发现官吏是否犯法。元世祖时规定，自中书以下诸司文卷俱至御史台照刷。后又规定，御史台行使弹劾百官奸邪非违时，必须刷磨诸司案牍。诸官府文卷上下半年照刷，转运司文卷年终照刷。在照刷过程中如发现稽迟、违错和逃避等情况，轻者罚俸，重者治罪。如果监察官员通行照刷事有违错，不为尽心透漏刷过者，需量事轻重治罪。

虽然元代监察机构设置与监察法规都较为完备，但实际上监察机构发挥的功能却较为有限，监察法规几乎形同虚设。值得肯定的是，元代完备的监察法规为明代进一步健全完善制定监察法规奠定了良好的基础。《设立宪台格例》作为第一部完整的中央监察法规，在古代监察发展史上有其重要意义。

《钦定台规》

——历修法规显大成

《钦定台规》为古代监察制度中最完整的一部监察法规。从顺治年间开始数次编撰，印刷发行的有四部，分别为乾隆版、嘉庆版、道光版与光绪版。目前流行的是光绪版《钦定台规》。

《钦定台规》前后至少六次编纂。第一次编纂未见成文记载，最后一次未能完成。分别由顺治十五年（1656 年）河南道监察御史上官鉝条奏纂修，乾隆四年（1739 年）山东道监察御史博尔和奏请增辑，道光六年（1826 年）左都御史松筠等奏请增辑，光绪九年（1883 年）左都御史延煦等奏明增辑，光绪三十四年（1908 年）都察院奏请续修。根据乾隆版《钦定台规》记载，康熙年间也有修订台规之事，但未见印刷发行。

光绪年间修纂的《钦定台规》，由左都御史延煦等一百二十二人参与编撰，光绪十八年（1892年）刊印。光绪版《钦定台规》总阅左副都御史以上官员四十二名，分修六科给事中、监察御史三十七名，分校六科给事中、监察御史十三名，覆校监察御史四名，详校都事、经历四名，收掌经历、笔贴式十二名，校对经历、都事、笔贴式十名。大小官员参与的一百二十二名。

《钦定台规》由都察院汇辑有关监察制度方面的上谕及皇帝批准的奏议、条例等，分类编辑，分为训典、宪纲、六科、各道、五城、稽察、巡察和通例八类，每类又分若干目。各类、目内容按文件产生的时间顺序排列，间有若干文献附于各类之后，较系统地反映了清代监察制度。主要包括以下内容：

第一，训典。清代皇帝对监察机构各种综合性指示的汇总，包括圣制和上谕两目。圣制是皇帝的题辞与专论，上谕汇集了自清初至光绪年间历代皇帝的指示与要求。

第二，宪纲。关于监察机构的设置与其综合性任务的规定。包括序官、陈奏、典礼、考绩、会谳、辩诉六目。序官规定都察院的职掌、官员品级等。陈奏是都察院官员的奏事制度。典礼是科道官对朝会、临雍、祭祀等大典侍班纠仪的规定。考绩为监察京察、大计、军政等官员考核制度。会谳是与刑部、大理寺等机构会审、稽核案件的规定。辩诉是处理京控案件的规定。

第三，六科。关于吏、户、礼、兵、刑、工六科给事中职掌及其要求的条文，分通掌与分掌两目。通掌为六科的共同任务与要求，分掌是规定各科的具体任务与要求。

第四，各道。关于各道监察御史，包括宗人府御史、稽内务府御史等的职掌及其办事制度。分通掌与分掌两目，分别规定各道的共同任务、要求及各道的具体职掌和要求。

第五，五城。指五城察院，即稽察京师地方治安的机构，对相应机构的职责进行了明确规定。京城分中、东、西、南、北五城管理，都察院分派御史巡城，并设有巡城御史的办公衙门，称五城察院或五城御史衙门，简称“五城”。五城分别设立兵马司，由五城御史管理，负责稽察京师地方的命案以及其他案件等。

第六，稽察。派都察院官员专门监察某些特殊机构的制度，包括对京通十六仓、户部三库等目，对如何派员稽察以及具体要求作了明确规定。

第七，巡察。巡察是派都察员官员到各地巡视、监察的制度。清初曾设巡按御史，后裁撤。共分漕粮、盐政、游牧三目，分别规定三种御史的巡察制度的内容。

第八，通例。主要是关于都察院所属科、道等官员的选拔标准、方法、升转制度及其办事要求等内容，分考选、升转、仪注和公署四目。主要是加强都察，反映了都察院自身建设的要求。

《钦定台规》对监察机构的性质、地位、建制、职能、任务、监察程序等，均作出了明确的规定，使清代的监察体制以法律的形式固定下来。

《钦定台规》把监察机构作为一支特殊的政治力量，明确规定都察院的给事中、监察御史等科道官员，上可规谏君主、下可指参臣僚，于国家政治得失、用人行政以及他们认为大利大害、应兴应革之事，均有发言权，这种发言权受到保护。虽然部分监察官员也借风闻言事以敷衍塞责，但强调要尽量言无不实。

《钦定台规》特别强调，都察院完全在皇帝的控制之下。皇帝对监察具有最后决定权，科道官之考选、差遣、内升、外转俱由皇帝裁定。此外，还对考选、引见、任命、年龄、回避等相关事项作出明确规定，以确保将优秀人才选拔进入监察官员队伍，并促使其发挥应有的作用。

《钦定台规》修订后，不再续修《都察院则例》。乾隆三十九年（1774 年），御史陈朝础请重修《都察院则例》，乾隆帝回复“殊可不必”。称都察院日常工作大都可以奉行成规，不像六部比拟例案，必须互证兼资，因而“不必附纂例之故套，而为无益之虚文”。

獬豸铁冠

——几人尚识獬豸冠

獬豸为中国古代神话传说中的神兽，类似麒麟，大者如牛，小者如羊，独角，以辨曲直著称。在古代，獬豸是执法公正的化身，獬豸冠也被作为监察官员的代称。

秦代执法御史戴獬豸冠，汉时廷尉、御史都戴獬豸冠。东汉时期皋陶像与獬豸图成了衙门中不可缺少的饰品，獬豸冠则被冠以法冠之名称。唐代御史有所弹劾时需戴法冠，即獬豸冠。

至清代，监察御史和按察使等监察官员都一律穿绣有獬豸图案的补服。故宫太和殿、乾清宫内的独角兽都是獬豸的化身，类似麒麟且独角，虽然不太像羊，但仍称为獬豸。许多法院门口的护门神兽也是獬豸，许多法学院内有独角兽即为獬豸。

獬豸也是有关监察官员诗歌中常见的词语。唐代的诗人岑参担任过补阙之职，他在《送韦侍御先归京》的诗中有“闻欲朝龙阙，应须獬豸冠”。张谓有诗“越人自贡珊瑚树，汉使何劳獬豸冠”。笔者也曾写：“西风吹残玉栏杆，潮落云起冷眼翻。舟至潜流更知难，总是斯文须堪守。奈何饕餮不足怜，几人尚识獬豸冠？”

监察御史平时并不戴獬豸冠，上奏弹章时才特地戴上獬豸冠，以示有所搏击。其他官员通过御史是否戴獬豸冠，即可判断御史是否有纠弹奏章上奏。

武则天时期，侯思止以告密有功任朝散大夫、左台侍御史，但不识一字。武则天问侯思止，你不识字如何担任文官？侯思止早就请教过高人，于是答道，獬豸兽也不识字，不是也能识别忠奸吗？武则天大悦。

苏轼曾写过“獬豸辨奸”的寓言故事。一次，齐宣王问艾子，听说古时候有一种动物叫獬豸，你熟悉吗？艾子回答，尧做皇帝时有一种猛兽叫獬豸，饲养在宫廷里，它能分辨好坏，发现奸邪的官员，就用角把他触倒，然后吃进肚子。艾子停了停，接着感慨地说，如果今天朝廷里还有这种猛兽的话，我想它不用再寻找其他的食物了！意指当前朝廷奸邪的官员太多。

汉代以铁冠代指御史。御史所戴法冠以铁为帽骨，故名铁冠，后世亦以“铁冠”称御史。岑参有诗云：“将军金印亸紫绶，御史铁冠重绣衣。”该诗句既指出御史为“铁冠”，又强调绣衣御史的特殊地位。明代张煌言亦有诗云：“千秋共惜遗金鉴，十载何惭戴铁冠。”笔者亦有诗云：“尽洗污浊赖獬豸，千载风清需铁冠。柏台森森谁著史，一泓血碧铁心丹。”

古代各级官员文武补服俱有规定，而监察官员不同于一般同品级官员的补服。清顺治九年（1652 年）规定，都察院衙门官不论品级，补服均用獬豸。为彰显监察官员权威，后又有所改变，雍正六年（1728 年）规定，都察院衙门除左都御史、副都御史、监察御史用獬豸补服外，其都事、经历、笔贴式等官补服各照本身品级，不得用獬豸。地方上按察使、道员补服亦用獬豸。

以卑临尊

——不惜身家权威重

古代监察制度之所以有效，其中一个重要原因是以卑临尊的制度安排，即让职级较低的监察官员监督高级别的官员。

自监察制度正式设立之日起即有以卑临尊传统。秦始皇统一全国后设立御史大夫职掌副丞相，即以御史大夫兼副丞相监督丞相。汉代刺史制度将这种监察制度安排发挥到新的高度。汉部刺史监督监察地方，以六百石刺史重点监察二千石以上的官员。

对于这种刺史以卑临尊安排成功的关键原因，清代赵翼予以精确描述，称刺史“官轻则爱惜身家之念轻，而权重则整饬吏治之威重”。即刺史因为官职较低，因而不会因顾忌自身官职而畏首畏尾；而其权重，所以能有效发挥加强地方监察的作用。

赵翼论述了刺史制度之所以能发挥作用的重要因素，但他对这种刺史制度的要义仍未能完全表达。他未能表达的是，刺史封优赏厚激励政策极为有效，为刺史九年可直升二千石的郡太守或王国相，而表现优秀者可破格提拔。同时也有极为严格的约束机制，如不能有效履职，处罚也较重。

对汉代刺史这种制度安排，清代顾炎武表达了与赵翼基本相同的意思，即刺史秩卑而命之尊，官小而权之重；而秩卑则其人激昂，权重则能行大志；此大小相制、内外相维之意。也就是说，虽然刺史官小，但其位置很重要，而且权力极重，官小则人激昂上进，权重则能按权限有效发挥作用，这也就是大小相制与内外相维之意。

刺史制度由汉武帝所创，此后朝代监察制度安排都遵循了这种以卑临尊的制度安排。随着监察制度的演变，主要由监察御史发挥监督官员的作用。一般监察御史品级较低，隋唐均为八品，至宋元明也不过七品。正是这种较低品级的制度安排，才能使其更有效地发挥弹劾的作用。尤其是唐代监察御史与明代监察御史，在加强中央与地方监察方面发挥了极为重要的作用。

唐代因监察御史品级较低，适当提升御史台长官御史大夫的品级为从三品后，又升为正三品。同时设置有从五品的侍御史与从六品的殿中侍御史。这样形成高、中、低相结合的监察官员品级结构，在发挥监察御史弹劾作用的基础上，既为其畅通上升空间，同时也各负其责，可以更为有效地发挥监察机构的作用。

明清时设都察院后，都察院长官与六部尚书平级，这样提升都察院长官品级有利于进一步提升监察机构权威。一般情况下，左都御史不会亲自出手弹劾有关官员，还是主要发挥监察御史的作用。

清代监察御史品级有所提升，升为从五品。虽然清代监察御史从五品较之以前朝代八品、七品的品级有所提升，但其相对品级仍不高。隋唐时实施三省六部制，六部尚书仅正三品。清代实施内阁加六部制，六部尚书升至从一品，所以清代监察御史仍处于较低的品级，继续发挥以卑临尊的作用。

与监察御史品级较低类似，言谏官员品级也较低，同样发挥其以卑临尊的作用。唐代设拾遗、补阙之职，拾遗为八品、补阙为七品。正如白居易担任左拾遗后的谢恩表中所说，凡人之情位高则惜位身贵则爱身，而惜位则偷合而不言，爱身则苟容而不谏，所以拾遗以其秩卑而位不足惜身不足爱，而重拾遗之选使下不专负心上不忍负恩，所以拾遗位不足惜而恩不忍负，所以能有阙必规有违必谏。武则天设置拾遗、补阙，正是为了充分发挥其官职低但权重的作用，以更有效地发挥言谏官员的作用。

刺史这种以卑临尊的制度安排也有所反复。西汉汉成帝末年，翟方进、何武上疏建议，称以地位低的官员监视地位高的官员的制度安排，不符合《春秋》之义。而刺史位下大夫而监察二千石，是轻重不平衡，位次无规矩。因而建议废除刺史。刺史废除数年后，朱博建议重新恢复刺史之设。其理由是，刺史秩卑而赏厚，刺史们都努力工作，发挥了有效加强监察地方的作用。在朱博的建议下，重新恢复刺史。

风闻言事

——历经多朝有利弊

与以卑临尊相同，风闻言事也是古代监察制度中的一种制度安排，但其经历了一个产生发展的过程，不同朝代对风闻言事的规定也有所翻覆。

风闻言事作为一种重要的监察方式始于晋恭帝元熙年间。南朝时期梁武帝天监元年（502年），明确授权监察官员可以风闻言事，即使弹劾有误，弹劾人员也不负任何责任。

宋代洪迈所著《容斋随笔》专门有一篇记载风闻言事。称御史允许风闻论事，相承有此言，而不知从何而来，大概自晋、南朝宋以下如此。南朝齐沈约为御史中丞时，奏弹王源曰“风闻东海王源”，应为风闻之最初由来。

风闻即根据传闻而并非掌握确凿证据就弹劾官员。所谓风闻言事，其实大多消息亦有所来源，风闻弹奏在很大程度上是一种托辞。唐代御史台有专门人员在门口接受诉状，接受诉状后都说是风闻访知，以鼓励投诉并保护投诉者。

风闻言事扩大了监察的信息来源与御史权限，御史奏劾状不必题写告事人姓名，为告事人保密，对告发者起到保护作用。御史在风闻弹奏时可以不事先报告御史台长官而直接向皇帝奏陈，这对于提高御史的权力并加大监察的权威具有重要作用。

此后各朝代大都奉行效法，但有的朝代为了防止御史滥用该权力而作出相应规定，对于缺乏事实而风闻弹奏的情况实施相应约束。

隋代为防止监察机构滥用权力禁止风闻言事，构建反监互察机制。监察系统外的官员对监察官员的违法失职行为可以弹劾，监察系统内部官员也可相互检举纠劾。

唐代惩隋之失推行风闻言事。虽然唐后期风闻言事之风渐息，而且监察御史受到御史台长官的控制，但在唐一代风闻言事还是发挥了重要作用。唐中后期御史地位有所下降，表现在御史风闻奏事和独自弹劾被取消。唐玄宗开元十四年（726年）取消御史风闻奏事，规定劾状必须具各事人姓名。李林甫为相时，规定御史言事须御史大夫同署。

宋代在皇帝有意鼓励台谏发挥作用约束臣下尤其是宰相的背景下，又允许风闻言事。对于何谓风闻，曾担任谏官的欧阳修说：“所谓风闻者，谓事不亲见，而有闻于他人耳。”但欧阳修本人深受此害。

治平四年（1067年），殿中侍御史里行蒋之奇弹劾欧阳修，称其“帷薄不修”，与其儿媳有通奸乱伦行为。此时欧阳修已名满天下，既是文坛领袖又是副宰相，此奏章一出舆论大哗。宋神宗并不相信，问蒋之奇消息从何而来。蒋之奇称，此消息来自上司彭思永。宋神宗问彭思永消息来源时，彭思永断然拒绝回答，说：“出于风闻，年老昏谬，不能记主名。”宋神宗亦无可奈何。

朱元璋针对风闻言事弊端，强调不能风闻弹

劾，要有实据重实证。有监察御史奏劾陶安有“隐微之过”，朱元璋很了解陶安的为官与为人，怀疑御史对陶安的指责，问御史从何得知其隐微之过，御史回答“闻之于道路”。朱元璋大怒，称御史但取道路之言不能称为尽职，即令中书省罢黜该御史。中书省官员提出，御史职居言路，有失也宜宽容。但朱元章称不然，说长良苗必芟稂莠，任正大者必绝邪人，坚持罢黜该御史。朱元璋认为，去小人当如扑火，当其未盛而扑之则易为力，否则就难以控制。

清入关之前，在天聪十年（1636 年）即成立都察院作为监察机构，在都察院成立之初即明令都御史、副都御史、监察御史、给事中皆可风闻言事。御史上折既可封奏直达御前，也可露章上闻，既强调保密性也强调私密性，以充分发挥监察机构作用。

风闻言事虽然可以对可能存在的腐败事件予以弹劾，但也为诬陷与朋党之争等提供了方便。清初为发挥监察机构的作用允许风闻言事，但此后对风闻言事又作了相关规定，以确保风闻言事的正向作用。

康熙帝亲政后，本着与民休息的原则，并没有解除风闻言事的禁令，但对风闻言事之例有所放松。康熙十年（1771 年），经都察院左都御史艾元徵建议，进一步严格限制风闻言事。

由于进言者日少，康熙十八年（1779 年），给事中姚缔虞请宽免科道风闻言事之禁，称恐平时无以作其敢言之气，临事必无肯为皇上尽忠者。康熙帝回应称，亲政以来诸臣何尝以言获罪，今之章奏已见施行者，虽不明言为风闻又何尝不是风闻。治国家者在有治人，不患无治法，倘生事之小人恃为可以风闻，但徇己之好恶必致擅作威福以行其私。

姚缔虞回奏，皇帝虽然不加罪言官，但有此处分在，诸臣都恐惧畏罪，没有谁肯发奸指佞。又称言官奏事原不禁风闻，倡一风闻奏参审问全虚者例有处分，否则虑有借风闻挟私报怨者，请仍照定例行。后查证得实，从来没有明确下过禁止风闻的规定，并将此项内容付于史馆。自此渐开风闻言事之禁。

关白进状

——权臣御史几斗法

唐代是监察制度总体发挥作用较好的时期，其关键原因在于监察御史具有相对独立性，上疏弹劾可以不必事先告诉御史中丞或御史大夫。但到中后期，监察御史上疏弹劾要事先报告，即关白、进状，因而影响到发挥应有的作用。

唐代监察御史弹劾案件大致有以下几个原因：一是政治原因，包括叛变、党争、兵败等，当然也不排除监察官员诬陷。二是违反典章制度，包括违反各种制度以及社会道德规范等问题。三是渎职，包括受贿、坐赃、擅自征赋等问题。以弹劾者的身份而言，来自监察御史的最多，监察御史位卑权重，充分发挥了以卑临尊的作用。

监察御史进行弹劾时，大事需戴獬豸冠，穿白纱中单里服，上衣着红色，下衣着浅绛色专用弹劾服装。无论哪一级官员，一旦被弹劾，一般必须俯偻趋出立于朝堂待罪。唐穆宗长庆四年(824年)，侍御史温造奏弹左金吾大将军李祐，于是李祐趋出待罪。

弹劾奏章时首先要标明弹劾依据。弹劾依据主要包括三个方面：一是皇帝诏令，二是各种律、令、格、式，三是伦理道德、君臣之义。其次是列举罪状，对失职之举、违法事实作出准确交待。再次是论证定罪，对违法行为进行论证。最后提出处置意见，一般“宜……”“请……”等为基本格式。

御史弹劾官员时既可连名弹劾，也可独自弹劾。凡弹劾对象品阶较高且案情重大的，一般都连名奏弹，皇帝再召刑部、大理寺联合鞫问。

唐初政治清明以法理天下，弹劾效果较高。武则天时期御史成为其巩固统治的帮凶，但仍有御史秉公执法，如徐有功被称为獬豸之精。御史铁骨铮铮，一方面是唐初御史地位极为重要，另一方面御史刚直不阿、不畏生死已成为社会风尚，所以御史们方不畏权势而勇于纠弹不法。

最初御史弹劾不必事先报告御史大夫，曾有御史大夫李承嘉责问众御史，弹劾之事不事先告大夫是否合理。其他监察御史不作回答，只有监察御史萧至忠回答，台中无长官，御史作为人君耳目，各自弹事而不相关白，如果先报御史大夫再弹劾，那么弹劾御史大夫不知向谁报告？于是，李承嘉大惭默然，而惮萧至忠刚正。

萧至忠也曾弹劾宰相苏味道贪赃，苏味道被贬为坊州刺史。萧至忠本可名传青史，但其后依附武三思、皇后韦氏和太平公主，最终因太平公主谋反被诛。

风闻奏事和独立弹奏是监察官纠举弹劾官员的权力，御史弹奏官吏时可以不报自己的姓名，也不必拿出确凿证据。御史直接向皇帝奏劾，也不必通过御史台长官，御史台长官无权过问御史的弹奏。开元十四年（726 年）后，这两项权力逐步改变，不准风闻奏事，也不准独立弹奏，御史权力大大缩小。

唐代御史作为耳目之官，弹劾的程序有所不同。在唐建立后一百多年的时间内，从唐初至神龙元年（705 年），一旦掌握官僚违法事实后，在朝会即可直接实施弹劾，不需要向御史大夫报告，即无须关白，弹劾程序并不复杂。

中后期要求关白与进状。关白是指在进状之前，将弹劾的案件向御史大夫、御史中丞报告。进状是指御史弹劾前将弹劾状呈送中书门下审批，听候进止。

关白开始于开元二十二年（734 年），宰相以御史权重，规定弹奏者须先咨大夫与中丞，并将奏状经中书门下，然后才能上奏。自此御史无特奏之权，威权大减。

进状开始于景龙三年（709 年）。侍御史崔琬弹劾宗楚客，但唐中宗宠宗楚客不问，反倒让他们结为兄弟，因此事唐中宗被称为“和事皇帝”。唐中宗并且下诏，如弹奏必须进状允许方可，此后成为定例。进状允许后方能弹奏，御史的弹劾自主权受到严重削弱。

以前御史与御史大夫相遇时不必行礼，而至唐玄宗开元末，御史须向御史大夫行礼。这一变化也反映出御史权限的不断缩小，以及御史大夫和御史中丞尤其是宰相权力的强化。实施关白与进状制度后，御史不得特奏，威权大减。此后唐末皇权日降，御史权威亦不复从前。

虽然唐肃宗时期下令，谏官言事、御史弹劾有自主权，但在当时皇权下移的情况下实施效果欠佳。此后唐德宗时又下令，恢复御史弹劾无需上报长官的旧令，但仍没有恢复至唐初旧制。

唐德宗即位之初，侍御史朱放请求放朱衣豸冠于内廊，如需弹劾时御史着相应的服装。同时建议御史自主弹劾，而不要关白于御史中丞与御史大夫，但没有效果。一直到北宋宋仁宗时期，刘筠任御史中丞后，方才重新明确奏事不需再关白。

唐玄宗有一段时期有意打压监察官员。补阙杜琎上书言事，被贬为县令。李林甫借机召监察官员训话，称明主在上不需多言，又以仗马喻监察官员。所谓仗马即朝廷举办重大仪式时所需之马，平时食三品料。执行仪仗时马不准鸣叫，一旦鸣叫即斥去，借以威胁监察官员不得多言，由是谏路断绝。

李林甫在相位十九年，谏官持禄养资，没有敢正言之人。实际上不仅是权相李林甫，其他名相如姚崇亦有类似举动，当监察官员妨碍其权威时，就采用各种办法将有关人员调离岗位。姚崇曾用明升暗降的手段，将影响其权威的崔沔升职而去其弹劾之权，把另一位谏官李乂通过升职去其纠驳之权。

唐中晚期御史权势下移，关键在于宰相专权。御史作为皇权监察百官的重要工具，宰相意图完全控制御史台并不容易。尤其是任命御史需要由君主敕授，进而避免了宰相过分干涉御史的选拔。总体而言，御史弹劾作用的发挥效果取决于皇权与相权的对比，以及君主维护皇权的努力程度。

御史台箴

——谆谆告诫付台箴

清代重视发挥监察制度的作用，皇太极在崇德元年（1636 年）未入关前即设立都察院。清代皇帝通过发布圣谕以及奖励、惩处监察官员等多种措施，积极激励监察官员激浊扬清、惩治奸邪。清代皇帝如康熙、嘉庆等屡屡题写御史台箴，对监察机构寄予期望。监察官员在维护皇权、打击奸慝等方面发挥了一定的作用，但这种作用也相对有限。

清代皇帝对监察官员既利用又控制，既有效借鉴明末言官结党影响朝政的教训，同时又鼓励其发挥作用，并对作奸犯科之监察官员以及未能恪尽职守的监察官员予以处罚。

都察院成立当年，皇太极颁发上谕，称都察院各官皆朝廷谏诤之臣，皇帝本人如有不亲政务、忠良失职、奸邪得位、有罪者录用、有功者降谪等事，监察官员有所见闻即行规谏。至于诸王、贝勒、大臣有旷废职掌、耽酒好色以及六部断事偏谬等，监察官员更是要稽查奏闻。

为加强对监察官员的教育，康熙三十九年（1700年），康熙帝御制台省箴并亲自书写，赐都察院勒碑于厅事之西。台省箴全文为：

台省之设，言责斯专。寄以耳目，宁取具员。

通明无滞，公正无偏。党援宜化，畛域宜捐。

洞达政体，斯曰能贤。古昔诤臣，风规凛然。

訏谟谠论，垂光简编。朕每览绎，如鉴在悬。

居是官者，表里方直。精白乃心，充广其识。

国计民生，臧否黜陟。凡所敷陈，敬将

悃愊。

风霜之任，以惩奸慝。搏击之威，以儆贪墨。

毋摭细务，苟塞言职。毋纷成宪，妄逞胸臆。

书思入告，当宁对扬。沽名匪正，营私孔伤。

或藏嫌怨，谬为雌黄。受人指嘱，尤为不臧。

形诸奏牍，有玷皂囊。职司献替，亟宜审详。

敬尔在公，风纪岩廊。词箴用勗，诞告联常。

康熙帝又制御史箴，以激励御史发挥作用。御史箴全文为：

柱下一星，列曜太紫。其象维何，今也御史。

淬励风裁，检齐霜纪。下饬官方，上参国是。

肃肃柏府，峨峨豸冠。其职清要，簪笔

朝端。

百司有阙，是绳是弹。民泽或壅，是宣是殚。

汝不自克，何以惩墨。汝不自正，何以纠慝。

毋畏强击，毋纵残贼。庶几夙夜，邦之司直。

昔之法吏，正色台中。为我耳目，效彼股肱。

驰声简册，流美无穷。敬之敬之，罔不克恭。

康熙四十一年（1702年），康熙帝题“都俞吁咈”四大字送都察院。称言路如果以“都俞吁咈”勉之，则上不愧于天，下不失人臣事君之大义。

雍正帝在藩邸时就已察觉康熙帝政策宽容导致吏治废弛，登基伊始即着手整顿吏治。雍正元年（1723年）正月初一，雍正帝即连续颁发训谕，对文武百官提出明确要求。告诫地方负责监察的官员按察司，既要严刑立法，又要执法公正。告诫知府，既为督抚监司之耳目，又为州牧县令之表率，承流于上，宣化于下，必须廉洁自持，屏绝贿赂，奉公尽职。

嘉庆二十年（1815年），嘉庆帝御制官箴二十六章，颁赐内外各衙门。其中都察院箴曰：

明目达聪，责在御史。彰善瘅邪，整纲饬纪。

铁面霜威，纠慝绳诡。私惠勿酬，私仇勿毁。

敢谏不阿，忠贞常矢。言出如山，心清似水。

勉尽丹忱，非图誉美。民隐敷陈，治隆患弭。

嘉庆帝为发挥科道官员作用又制谏臣诫，称人君治政临民，未能尽美尽善，是以特设科道。劝诫言官们要效学朱云、魏徵之劲节，立志公正，不畏权要，见坏法乱纪之事，直进弹章。强调官员要洗心涤虑，长存以言事君之诚，尽摒取巧谋利之伪，做天子之耳目，为朝廷之腹心。

御史题名

——有所作为终有传

清一代监察御史有确切名称以及有籍贯出身等详细记录的共有 2193 人，这些监察御史任职时间自顺治初年（1644 年）至光绪二十六年(1900 年)。之所以这些监察御史有如此详细的记录，全有赖于《国朝御史题名》。

《国朝御史题名》最初由乾隆时黄叔璥编著，后由多人续修，一直修至光绪二十六年(1900 年)。光绪年间，有《国朝御史题名》影印本行世，后将影印本收入《续修四库全书·史部·职官类》。

正如黄叔璥在《国朝御史题名》序言中所写，御史之设由来已久，但一直以来并无题名，则历岁久远可能名字并无可考而至于湮没，于是按年书名收集整理而成。由于顺治年间年代久远不能遍考，有的缺失以待后来人考正定名。

自顺治元年（1644 年）至光绪二十六年（1900 年）的监察御史，《国朝御史题名》将其姓氏、籍贯，何处中举或进士等出身，以及哪一年以何官职考选监察御史，最终仕至何等官职等，均作记载。

清代按道分监察御史，最初有十五道。满汉监察御史各 28 人，共 56 人。最初河南道为各道之首，至乾隆二十年（1755 年）后京畿道成为各道之首。清末将十五道改为二十道，监察御史不再分满汉，人数减为 44 人。

监察御史基本为正途出身，乾隆朝监察御史出身于进士和举人的占绝大比例，其他出身的仅为个例。乾隆时六十年中共选拔监察御史 390 名，其中 386 名监察御史有明确出身。386 名御史中来自进士和举人的共 382 名，占 98.9%；其中进士 339 名占 87.8%，举人 43 名，占 11.1%。其他出身如监生、荫生、博学鸿词及副榜各只有

1 名。

嘉庆时直至清末官制改革前，严格从正途出身中考选监察御史，监察御史主要来自翰林院编修、检讨与部院郎中、员外郎，其他来源极少。就监察御史出身而言，嘉庆十一年（1806 年）明确荫生出身者作为正途允许考选监察御史。

由于荫生为品级较高官员的子弟直接进入仕途，而非经过科考，有评论认为，荫生考选监察御史导致监察御史素质下降，但明确荫生有考选监察御史资格后，荫生出身者选拔为监察御史者数量较少，并不足以影响到整个监察队伍的整体素质。

嘉庆时二十五年中共选拔监察御史 260 名，其中有 3 名监察御史出身或原任职务缺失，有据可考者共 257 名。此 257 名监察御史中，出身进士和举人的共 251 名，占 97.6%；其他来自荫生者 3 名，来自拔贡出身者 3 名。

嘉庆时选拔的监察御史只从翰林院编修、检讨与部院郎中、员外郎以及内阁侍读中选拔。其中从翰林院编修和检讨出身者 129 名，占到

50.1%；从六部郎中和员外郎出身者124名，占48.2%；由内阁侍读出身者仅为4名。

嘉庆时期与乾隆时期相比，来自翰林院编修与检讨的人数已超过来自六部郎中和员外郎的人数，而且来自编修的人数也超过来自郎中的人数。以后基本延续此种趋势，自嘉庆时开始，翰林院编修与检讨成为监察御史的第一来源。这也有客观因素，在引见时一般翰林院官员排在前列，以致多用，所以翰林院官员相对多选。

嘉庆时至之后几个时期，监察御史出身及原职务总体情况大致相同。进士是监察御史的主要来源，其他如举人、荫生等较少，虽然荫生有资格考选监察御史但总量较少，偶尔也有副榜但总量也较少。来自翰林院编修和六部郎中是选拔监察御史的主要来源，尤其是来自翰林院编修的监察御史占到近一半。

清代特别注意平衡来自翰林院与六部的比例，二者基本持平。内阁侍读每朝均有考选监察御史者，但数量较少。自乾隆二十九年（1764年）明确监察御史选拔规定后，此后至清末官制改革一直遵循该规定，这对确保监察队伍的整体素质发挥了关键作用。

清代对选拔监察御史极为重视，对其出身及原任职务均有严格要求。在对出身及原任职务要求的基础上，对监察御史的品质也有严格要求，要求监察御史必须忠君爱国、才品优长、德才兼备、勤敏练达，遇政治阙失直陈无隐以及勇于纠劾违法乱纪官员等。

在对监察御史品质难以有效量化考核的基础上，相对而言严格限制其出身以及原任职务就更为重要。对于其出身必须正途至少可保证其基本学识，对其原任职务的强调可确保其有过一定的任职资历。也正是由于此原因，乾隆时期确定监察御史的选拔范围时，才明确限定为翰林院编修、检讨以及部院郎中、员外郎及内阁侍读，而把外官以及部属主事、中书科中书等小京官排除在外。

主要参考文献

1. 《钦定台规》，海南出版社 2000 年版。

2. 《清朝野史大观（上、中、下）》，上海科学技术文献出版社 2010 年版。

3. 昭梿：《啸亭杂录》，中华书局 2012 年版。

4. 马克思：《资本论》（第一卷），人民出版社 2014 年版。

5. 钱穆：《国史大纲》，商务印书馆 1940 年版。

6. 钱穆：《中国历代政治得失》，生活·读书·新知三联书店 2012 年版。

7. 代继华、谭力、粟时勇：《中国职官管理史稿》，法律出版社 1994 年版。

8. 高阳:《柏台故事》,华夏出版社 2004 年版。

9. 赵翼:《陔余丛考》,商务印书馆 1957 年版。

10. 徐连达主编:《中国历代官制大词典》,广东教育出版社 2002 年版。

11. 龚延明:《中国历代职官别名辞典》,上海辞书出版社 2016 年版。

12. 郭存孝:《清末民初职官名录》,中华书局 2012 年版。

13. 张晋藩、王超:《中国政治制度史》,中国政法大学出版社 1987 年版。

14. 黄本骥:《历代职官表》,上海古籍出版社 2005 年版。

15. 刘体智:《异辞录》,中华书局 1988 年版。

16. 刘禺生:《世载堂杂忆》,中华书局 1960 年版。

17. 余华青主编:《中国古代廉政制度史》,西北大学出版社 1991 年版。

18. 洪迈：《容斋随笔》，中华书局 2015 年版。

19. 黄玉璥：《南台旧闻》，影印本。

20. 黄玉璥：《国朝御史题名》，影印本。

21. 刘社建：《古代监察史》，东方出版中心 2018 年版。

22. 刘社建：《清代监察史》，格致出版社、上海人民出版社 2019 年版。

23. 刘社建：《古代廉洁文化史》，上海社会科学院出版社 2024 年版。

图书在版编目（CIP）数据

中国古代监察文化丛谈/刘社建著 . --北京：中国方正出版社，2024. 12. --ISBN 978-7-5174-1415-5

Ⅰ. D691. 49

中国国家版本馆 CIP 数据核字第 20249J3Z28 号

中国古代监察文化丛谈

ZHONGGUO GUDAI JIANCHA WENHUA CONGTAN

刘社建 **著**

责任编辑： 陈金华
责任校对： 周志娟
责任印制： 李惠君

出版发行： 中国方正出版社
（北京市西城区广安门南街甲 2 号　邮编：100053）
编辑部：（010）59594614　发行部：（010）66560936
出版部：（010）59594625　门市部：（010）66562755
邮购部：（010）66560933
网　址：www.lianzheng.com.cn
经　　销： 新华书店
印　　刷： 北京中科印刷有限公司

开　　本： 787 毫米×1092 毫米　1/32
印　　张： 8. 75
字　　数： 156 千字
版　　次： 2024 年 12 月第 1 版　2024 年 12 月北京第 1 次印刷

ISBN 978-7-5174-1415-5　　定价：48. 00 元